クラス全員が活躍する！

4年生担任のための国語科指導法

―固定化されつつある学力差を打破する―

土居正博 著

明治図書

はじめに

本書は、４年生担任の国語科指導に焦点を当てた一冊です。

この本を手に取ってくださっている方はおそらく今年度４年生を担任されている先生や、来年度４年生を担任することに決まっている先生でしょう。

４年生は、低学年のときと比べると、かなり成長して落ち着いてきており、それでいて子どもらしさもまだまだ残っていて、担任していて本当に面白い学年です。

学校現場では、比較的担任しやすい学年として、初任者が持つことも多くあります。私自身、初任で担任したのが４年生でした。そのため、私は「４年生」という学年にひと際強い思い入れがあります。ですから、本書を書くのは楽しくて仕方ありませんでした。

本書では、一貫して「国語指導で学級をつくる」という主張のもと、国語科の様々な領域の指導を具体的に紹介しつつ、その指導を通して学級経営も進めていけるような指導の在り方・方法も紹介しています。

なぜ国語科指導で、国語の授業で学級をつくれるかといえば、主に二つ理由があります。

第一に、国語は他の教科の学習にも深く関わる基礎教科だからです。

社会科も理科も算数も、基本的には国語を使って学習することになります。教科書も日本語で書かれていますし、話し合いだって日本語で行うからです。体育カードを書くときにも、国語を使って書くわけです。ですから、本書を武器に、子ども達の国語力を高めていけば、それは他の授業の充実にもつながります。国語だけでなく他教科の授業も充実していけば、子ども達の学校生活全体が充実していきます。子ども達の学校生活のほとんどは授業だからです。

第二に、国語は授業時数が多いからです。

低学年ほどでないにしても、やはり4年生も非常に国語の授業時数が多い（二四五時間）です。授業時数が多いということは、それだけその授業での指導を子ども達に浸透させやすいということです。このような理由から、私は「国語指導で学級をつくる」ということを、本シリーズ『〇年生国語』で一貫して主張しています。

シリーズ4冊目となる本書『4年生担任のための国語科指導法』でも、エネルギー溢れる4年生の学習意欲を引き出し、国語力を伸ばして学級経営を円滑に進めていく指導法を具体的にご紹介していきます。

ご存知の通り、4年生の学習指導要領での記載は、「中学年」として3年生と一括りなので、話すこと・聞くことや書くことの指導の章は、基本的に『3年生担任のための国語科指導法』（以下『3年生国語』）と重なる内容になっていますが、子ども達の書いたものなどはもちろん4年生が書いたものを載せてあります。教材がまるっきり異なる読むことの章はすべて書き下ろしです。具体的活動を豊富に載せた資料編は、やや低学年向けの活動と思われるものは『3年生国語』の方に多く載せ、『4年生国語』には4年生独自の活動を中心に載せました。子ども達の実態に合わせて、『3年生国語』と『4年生国語』はセットでお使いいただけると、さらに効果を発揮すると思います。国語科はスパイラル構造だからです。

本書を武器に、4年生指導を心から楽しんでいただければ幸いです。

土居　正博

目次

第2章 書くことの指導

第3章 読むことの指導

第4章 ことば［知識・技能］の指導

資料編 ACTIVITY 一覧

序章

４年生の子ども達と国語授業

1 思春期の入り口に立つ子ども達―落ち着きと子どもらしさ―

4年生の子ども達は、3年生までと比べると大きく変わる、というのが実感です。3年生までの様子と比べると、「大人っぽくなったなぁ」と感じます。3年生までは、まだまだ「子ども」だったのに対し、4年生の特に後半ごろからは「大人」に近づいている様子の子が増えてきます。

日本では基本的に、小学校六年間、中学校三年間、高等学校三年間の「六・三・三制」ですが、小学校四年間・中学校四年間、高等学校四年間の「四・四・四制」を取り入れる学校もあります。また、国によってはそれがベースになっているところもあります。子ども達の生理的成熟の加速化などを背景に、四・四・四制の方が発達の段階に適しているという主張もあります。

四・四・四制の学校では、小学校の最高学年は4年生ということです。このようなことを見ると、4年生が「過渡期」と捉えられていることは明らかであり、先に述べた私の実感と同様です。4年生の前半はまだ3年生に近いので、まだまだ幼かった子も、4年生の後半になると一気に大人びてくることが多くあります。本当にこの時期の子ども達は過渡期なのです。

3年生ごろの子ども達は「ギャングエイジ」と呼ばれ、友達とのつながりがより重視されるようになっていきますが、4年生の子ども達はこの傾向がさらに強くなります。先生よりも友達を重視するようになります。このように、4年生の子ども達は思春期の入り口に立ち、大きな変化を迎えたり迎えようとしていたりします。

それでも、やはり多くの子はまだまだ中身は子どもらしさを残しています。まだまだ「先生！　先生！」と、教師と一緒に遊ぶのを楽しみにしている子もいるほどです。

思春期を迎えようとしている4年生を、子ども扱いしすぎるのも問題ですが、あまりに気を使って距離をとりすぎるのも問題です。大人に近づいてきて落ち着いてきてはいるが、まだまだ子どもらしさも残っている……こういう両面性が4年生の特徴でしょう。

私は、この両面性をポジティブに捉えています。大人に近づき集中力もついてきているので、授業では高学年顔負けの質のものが実現可能ですし、かといって、まだまだ子どもらしさもあるので子ども達と一緒にワイワイ楽しく過ごすことができます。

このように、4年生の子ども達の特徴を教師がポジティブに捉えて、そのよい面が際立つように指導していければよいと思います。そうすれば、「特徴」が「特長」になっていきます。逆に、教師が子ども達の特徴をネガティブに捉えて、大人扱いしすぎたり子ども扱いしすぎたりすると、子ども達は心を閉ざして無気力になったり、ひねくれて反発したりします。授業中も斜に構えていて「面倒くさい」「そんなの知っている」「つまらない」という態度をとったり、結託して教師の揚げ足取りをして反抗したりします。そうすると、一気に学級崩壊までいってしまいます。

「はじめに」では、4年生は比較的担任しやすく、初任者が持つことも多いと述べましたが、実は私がこれまで目にしてきた崩壊学級は、4年生学級が多くありました。

そのうちの多くは、後者のパターン、つまり子ども達を「子ども扱い」しすぎて反発を受けている、と見られるものでした。４年生の子ども達の大人になってきている面を尊重しつつ、まだまだ幼い面も満たしてやるような、適切な距離感で指導していくことが重要なのです。

つまり、大人になってきている面を生かして知的な指導をしつつ、まだ幼い面も生かして動的でエネルギーを発散できる指導をしていくことです。そうすれば、４年生なのに無気力でシーンとしたクラスや、逆に溢れるエネルギーの発散を担任や友達に向けてしまうクラスになることはないでしょう。

こうした指導をしていくうえで、**授業の充実が最も重要**です。授業は毎日、毎時間行われているからです。言い方を変えれば、授業から逃れられる教師もいなければ子どももいないのです。

授業では「学習」が行われますから、そこで子ども達を知的に満たしつつ、エネルギーを思いきり使えるようになれば、それは間違いなくプラスの方向にエネルギーを使えていることになります。

授業を通して、子ども達を知的に満たし、エネルギーの向きをプラスの方に、学習の方に向けてやるようにすると学級全体がうまくいくようになります。学校生活のうち、ほとんどが授業だからです。やはり、我々教師は授業で勝負すべきです。この事実から逃げてはいけません。

そして、一口に「授業で勝負」といっても、はじめからいきなり全教科の授業を充実させていくことは難しいものです。まずは一つの教科に絞って研究・研鑽を進めていくと、それがやがて他の教科の授業づくりの際にも生かされていきます。

そこで、国語授業に注目してみましょう。国語授業は二四五時間もあります（４年生）。１・２年生のときよりも若干減ってはいるものの、いまだに**全教科の中でダントツの数字**です。毎日一時間は国語の授業があります。その時間が、子ども達にとって充実するかしないかは、非常に大きな問題です。

さらに、こうした数字の面に加えて、「はじめに」でも述べたように、**国語授業で培う言葉の力は、他教科でも生かされる**という質の面も、国語授業に力を入れるべき大きな要因の一つです。

我々人間は、基本的に言語を用いて考えています。そして、言語を用いてその考えを表現します。こうした言語活動は、国語科に限らず、他教科でももちろん行われます。そもそも他教科の教科書も日本語で書かれていますから、それを読むことができなければその教科の学習が成り立ちにくくなります。また、他教科の授業においても、自分の考えをノートに書き話し合うときには日本語を用います。このような、他教科において言葉の力が用いられる例は枚挙に暇がありません。

ですから、国語科で子ども達の言葉の力を伸ばすことは、間接的に他教科の学びも促進するのです。国語科で子ども達にしっかり力をつけられれば、他教科の授業の充実にもつながり、それは子ども達の学習全般の充実につながります。そして、子ども達の学校生活の充実にもつながっていきます。

このように、数字の面からも、そして質の面からも、私は「**国語授業で子ども達を育てる**」ことを一貫して主張しています。大人と子ども、両面性を持つ4年生に対しても、同様です。本書では、国語授業を通して、子ども達を知的に満たしつつ、エネルギーの向きを学習に向け、望ましい成長を促すような指導法を紹介していきます。

2 学力の差が出始め、固定化しつつあるとき

それでは、4年生への国語科指導においてどのようなことに気を付けていけばよいのでしょうか。

一学年前の3年生は、一般的に「3年生（9歳）の壁」と言われ、学校での学習が低学年のころから一段階レベルが高まり、それに伴って学習でつまずく子が増える時期と言われています。

その主な要因の一つに、学習内容の抽象化が挙げられます。

例えば、低学年の算数では具体物を使って、普段の生活の場面で目にするようなたし算やひき算の計算を学習していました。しかし、3年生からはわり算や分数など、普段の生活ではあまり目にすることがない計算も扱うようになります。なかなか具体物で表しにくくなり、結果として学習内容が具体的であったのがやや抽象的になっていきます。

このこと自体は、悪いことではなく、抽象的に物事を考えられるようになると、具体物で表せないことも、つまり目で見て分かること以外のことも自分の頭の中で考えていくことができるようになるので、思考自体は非常にレベルが高まります。ですが、レベルが高まるからこそ、少なくない子がつまずくのもまた事実です。この「抽象」という概念に関しての指導は、国語科も多くその責任を担うことだと私は考えています。

このように、学習でのつまずきが出始めるのが3年生です。その一年後の4年生では、このつまずきによる学力の差が固定化され始めるころと言えるでしょう。4年生を担任する際、前担任から引き

継ぎを受けると、「この子は学習が厳しい」という評価がかなり固定化しつつあるのを強く感じます。このころは、学力の差が顕著になり始めるときと言えるでしょう。学習内容が難しくなるころなのです。

それは、国語科においても同様です。学習指導要領に目を向けてみましょう。

例えば、「C読むこと　エ精査・解釈（文学的な文章）」の指導事項では、低学年（第1学年及び第2学年）「場面の様子に着目して、登場人物の行動を具体的に想像すること。」であったのに対して、中学年（第3学年及び第4学年）では、「登場人物の気持ちの変化や性格、情景について、場面の移り変わりと結び付けて具体的に想像すること。」となっています。読み取る対象が低学年では「行動」であったのに対し、中学年では「気持ちの変化や性格、情景」へとレベルアップしています。

実は、これはかなり大きなレベルアップです。低学年で、目に見えやすい「行動」が読み取る対象であるのは、それまでに読む文学的文章では「行動＝気持ち」だということです。悲しいから泣く、うれしいから笑う、といった具合です。一方、中学年以降は、目に見えにくい「気持ち」や「性格」を扱います。指導事項「イ」の言葉を借りると、「叙述を基に捉える」ことが求められるのです。

どういうことかというと、例えば「ごんぎつね」では、ごんははじめ「つぐない」の気持ちで兵十に親切な行動をするようになります。ここまでは、「うなぎのつぐないに、まず一つ、いいことをしたと思いました。」などの叙述で明らかに書かれています。しかし、途中から終盤にかけては「親しみ」や「友達になりたい」という気持ちで兵十に親切な行動をしています。これに関しては、明確には書かれていません。「おれと同じ、ひとりぼっちの兵十か。」や「兵十のかげぼうしをふみふみ」といった叙述から、ごんの「兵十への親しみ」という心情を推測していかなくてはならないのです。

このように見てくると、国語科においても、小学校4年生ごろの学習内容の変化は存在していることが明らかになります。この変化は、先に挙げた算数の例と同じように、低学年では「目に見えるもの」を学んでいたのが、中学年以降は「目に見えないもの、または見えにくいもの」も学んでいくようになる変化、と言えるでしょう。

3 国語科指導の基本方針―音読と漢字を全員に保障せよ！―

それでは、そのような学習内容の変化があり、学力差が固定化されつつある時期である4年生に向けた国語科指導の在り方はどのようなものかを考えてみましょう。

それは、基礎・基本を徹底して指導し、子ども達に保障していくことです。先にも述べたように、国語科自体が、他教科にも大きく影響を与えるような「基礎教科」と言えますが、国語科の教科内容の中でもさらに「基礎・基本」と言えるような指導内容、つまり「基礎の基礎」とも言えるようなものがあります。それが、**音読と漢字**です。

なぜこの二つに焦点を当てて指導していくべきか、その理由を二点述べましょう。

第一に、この二つが国語科の教科内容の中で比較的子ども達が達成感を得やすいからです。

音読は、練習すれば上手になり子ども達もそれを自分の耳で聞いて自覚することができます。漢字も、読めたり書けたりする漢字が増えれば、自ずと自分の成長を自覚することができます。達成感を得られれば、子ども達は「楽しい！」「もっとやりたい！」となります。この状態は、学習内容が分からず苦しむ子ども達の状態と正反対のものです。中学年から、国語科も学習内容が難しくなるとはいえ、音読や漢字に取り組まなくなるということではありません。むしろ、心情の読み取りや段落相互の関係を考えるといった中学年以降に取り組まなくてはいけない抽象的で「目に見えにくい」学習の基礎になるものです。ですから、音読指導や漢字指導で子ども達の基礎を伸ばし、学習意欲を高めておいてから、難しい内容を扱っていくという方がスムーズです。逆に、いきなり難しい内容ばかり扱って子ども達の学習意欲を低下させてしまうと、「国語が嫌い」「勉強が嫌い」となって、音読や漢字の学習に身が入らなくなってしまいます。

心情の読み取りや段落相互の関係の読み取りに関してももちろん重要ですが、音読や漢字などと比較すると達成感を得にくい領域です。「前よりも登場人物の気持ちを読み取れるようになった！」と思える子に育てるのは、「音読が上手になった！」と思える子に育てるよりも遥かに難しいことです。

ですから、はじめからそんなに難しいことを目指さずに、音読指導や漢字指導を通して子ども達に達成感を持たせていきつつ、中学年の難しい学習内容にも挑んでいく、という方針がよいと私は考えます。それは、子ども達の学習意欲の問題や学級全体の雰囲気、つまり学級づくりにつながる面も踏まえての判断です。本書は「国語科指導を通して学級をつくる」というコンセプトの本だからです。

第二に、音読や漢字の力は、クラス全員に保障したい、文字通り「基礎・基本」であるからです。詳しくは、音読、漢字それぞれの項で述べますが、教育心理学の世界において音読の力と学力全体の相関関係が証明されたデータは非常に多く挙げられていますし（荻布優子・川崎聡大（2016）など）、漢字を読み書きできる力は漢字仮名交じり表記を採用している我が国において国語力の根幹であると言われて久しい（棚橋尚子（2015）など）のです。

そのため、音読指導や漢字指導は、国語科の教科内容の中でもとりわけ重要視されてしかるべきなのですが、現状では軽視されているといっても過言ではありません。

私が見てきた中では、授業中に音読や漢字をほとんど指導せず、ほとんど宿題に任せている教師も少なくありません。それでは、子ども達がやる気になり、力を高められるわけがありません。

冷静になって考えてみれば、スラスラ音読もできず、そこに書かれている漢字すら分からない状態で、先に挙げたような心情の読み取りや段落相互の関係を掴ませようというのには無理があるというのは、火を見るよりも明らかです。ですから、クラスの全員に対して音読の力と漢字の力を保障していくことは、教師の責務でもあるのです。

そして、重要なのは、子ども達のやる気（意欲）を引き出しつつ、音読や漢字の力を伸ばしていくということです。間違っても、無理やり何度も何度もやらせて徹底していくという指導であってはいけません。そういう根性論の一辺倒な指導では逆に「音読嫌い」「漢字嫌い」を招きます。「どう働きかけたら子ども達が音読や漢字にやる気を持ってくれるか」ということを常に考えながら指導していく必要があります。そうした、子ども達の意欲を最重要視した音読指導、漢字指導を積み重ねていくった先に、子ども達の十分な音読力や漢字力の保障があります。

このような二つの理由から、私は、４年生に限らず国語科指導を進めていくうえで音読指導と漢字指導は非常に重要視しています。それは、単に国語科という教科的な視点から見ただけでなく、子ども達のやる気を引き出し学習への姿勢を高め、ひいては学級の雰囲気や風土までつくってしまおうという学級づくりの視点から見ても、最適解だと考えているのです。

4 抽象思考を習得し始めるとき

さて、中学年特有の指導すべき事項として、先述したような「抽象思考」が挙げられます。本章の最後に、この「抽象思考」について、国語科としてどう向き合っていくべきか、どう育てていくべきかということを述べておきたいと思います。

結論からいうと、**「無理させずに繰り返しながら、子ども達に明確に『抽象的』と『具体的』とをセットで意識させていく」**という指導が適していると私は考えています。

まず、国語科は子ども達に対する「抽象思考」の指導において、どのような内容、領域に責任を負えばよいのでしょうか。

それは、子ども達が「抽象的」「具体的」という概念と対応した言葉を獲得し、それをきっかけとして明確に意識できるように、ということだと私は考えています。「抽象的」「具体的」という言葉は難しいので、「ざっくり」「おおまか」「まとめ」などや「詳しく」「細かく」などといった言葉で捉えさせても構いません。肝心なのは、こういった概念を子ども達に根づかせていくことです。それが、子ども達が「抽象的」やその反対の「具体的」に思考できる大きな助けになるからです。なぜなら、私たち大人も、そして子ども達も、基本的には言葉を用いて考えているからです。ですから、「ざっくり」でも「おおまか」でもいいので、一旦そういう言葉と概念とが子ども達に根づけば、それを皮切りとして抽象的に考えることができるようになっていきます。

よく、自分の気持ちやその日の出来事をダラダラと話してしまう子は、自分の言いたいことを「抽象的」にまとめることができていないと言えます。そういう子に、「ざっくりと」でも「おおまか」でも「まとめ」でも「抽象的」でもいいので、そういう概念を言葉と一緒に根づかせることができれば、その子は、「なるほど！　物事にはざっくりと言うと……ということと、細かく言うと……ということがあるんだ！」と、抽象と具体を理解することができるようになります。そうすれば、ダラダラと話してしまうことがあっても、その子に対して「ざっくりと言うと、どういうことがあったの？」と尋ねると「あぁ、ざっくりと言うとね……」と自分の気持ちや出来事を抽象的に話すことができます。

ですから、言葉の力を伸ばす国語科においては、この「抽象」とその反対の「具体」のセットで、それぞれの概念とそれに対応した言葉で子ども達に明確に意識できるようにさせることが、求められているのだと思います。

次に、その育て方についてです。「抽象的」や「具体的」といった概念を一度言葉で教えたくらいで子ども達に根づくのであれば、困る子はいません。なので、無理をさせず繰り返し、繰り返し指導していくのがよいと思います。一度では分からない子がいて当たり前、と思いながら、繰り返し、繰り返し扱っていくことで徐々に理解できる子が増えていけばよいのです。

実は、この「抽象的」と「具体的」については、国語科において教師の意識次第でいくらでも繰り返し、繰り返し指導が可能です。

この「抽象的」と「具体的」の概念が国語科教科書で初登場するのは何年生だと思いますか。3年生でしょうか。それともその前の2年生でしょうか。

正解は、1年生です。

1年生の教科書において、「果物・りんご」といったような、上位語と下位語の概念を学ぶ単元が掲載されています。ここでは、単語単位で検討されていますが、上位語と下位語の概念は、まぎれもなく抽象と具体に他なりません。1年生に指導するときは、そこまで抽象と具体について扱わないでしょうが、4年生に対して抽象と具体を根づかせていきたいと考えるとき、この上位語と下位語の概念から入っていくとスムーズです。多くの子がその概念を掴むことができます。

また、「抽象的」や「具体的」という目を持って、例えば説明文の教材文に目を向けてみましょう。そこにも「抽象的」と「具体的」の指導チャンスは多く転がっています。例えば、「題名」は、筆者が伝えたいことを最も「抽象的」にまとめたものと言えます。「問いの文」は題名よりも「具体的」ではありますが、本文の中では最も「抽象的」に筆者の伝えたいことをまとめたものと言えます。「事例」は最も具体的な部分と言えます。「話すこと・聞くこと」の教材を見つめてみても、「抽象的」

と「具体的」を指導するチャンスは多く転がっています。例えば教科書によく載っているスピーチ例も、中学年のものは「初め・中・終わり」と分けられているものがほとんどです。その各部分を比較すれば、「初め」や「終わり」が抽象的であり、「中」は具体的であるのが明らかです。そういう部分を子ども達と確認するとき、「初めや終わりには、言いたいことが〝まとめ〟られているね。中ではそれを〝詳しく〟言っているね。」などと、子ども達と共有した言葉（「まとめ」「詳しく」）で概念とともに根づかせるようにねらっていくのです。

この積み重ねが、子ども達が「抽象と具体」を明確に意識できるようになっていくことにつながっていきます。もちろん、このように説明文などの教材とあわせて指導していくだけでなく、「抽象と具体」だけを取り立てて定着させていく方法もあります。資料編「具体化・抽象化ゲーム」（179ページ）の項をご覧ください。上位語と下位語を主に用いながら、子ども達が無理なく「抽象と具体」を理解していくことができます。

第 1 章

話すこと・
聞くことの指導

4年生の話すこと・聞くことの指導において、まず取り組むべきなのは**「よい聞き手」を育てること**です。これは、低学年・中学年・高学年のいずれでも、変わらないことです。なぜなら、聞くことができて初めて、話す力を伸ばすことに取り組めるし、話し合う力の育成にも取り組めるからです。

例えば、子ども達の話す力を伸ばしたいと考え、実践するとしましょう。話し方や話すときの工夫などを指導していったところで、それを聞く子達が全く聞いていないのでは、話す子も嫌になってしまいます。結果として、話す力を育てるどころの問題ではなくなってしまうでしょう。みんなに向けて話してみたいという子がいなくなるからです。また、話し合う力を伸ばしたいと思い、話し合う機会をことあるごとにつくっていったとしても、そもそも子ども達が話し合いの内容を聞くことができなければ、話し合いなど成立しようがありません。

今は「話すこと・聞くこと」の指導という観点から考えていますが、「読むこと」の授業においても、「書くこと」の授業においても、国語科授業全般で、いや全教科の授業においても、まず子ども達がしっかり聞けるようにしていくことは、非常に重要で欠かせないことです。そのため、まずは「よい聞き手」を育てるということを強く意識して指導していきましょう。ただし、子ども達の聞く力、姿勢が育てば、それだけで話す力も話し合う力も育っていくかといえば、そうではありません。また、聞く力もその後ずっと伸び続けるかといえば、そうでもありません。必ず頭打ちすることになります。

そこで、次に**話す力を伸ばすことに着手**していきます。話す力を伸ばしていくことで、結果として聞く力も相乗効果で伸びていくようになるからです。話す力を伸ばす取り組みをし始めると、子ども達の意識が「上手な話し方」や「話し方の工夫」などの面に向くので、人の話を聞いたとき、それらを敏感に聞き取るようになっていくからです。話す質が高まっていくのと相まって、聞く力もさらに高まっていくのです。このように、話すこと・聞くことには相乗効果があります。これは、学習指導要領でも「話すこと・聞くこと」とまとめて示してある理由の一つでもあるでしょう。

話す力も高まってきたら、話し合う力の育成にも取り組んでいきましょう。話し合いの質を高めていくには、「話す・聞く」の力を高めることに加えて、少しずつよい話し合いの条件や手順を指導していくことが重要です。「はい、話し合いなさい。」で、望ましい話し合いができれば世話はありません。明示的に指導していくことがポイントになります。

ここまでをまとめると、まず「聞き手を育てる」こと、その後「話す力を高めることでさらに聞く力も高めていく」ことに取り組み、ゆくゆくは「話し合い」の指導に入っていくという流れです。

本章では、それぞれを詳しく見ていきましょう。

1 聞くことの指導

(1) 聞くことの指導において重要なこと—実質的な聞く力の育成に焦点を当てる—

聞くことの指導において、私が重要だと考えていることは、「実質的な聞く力」を育てることと、「言わせること」の二つです。

「実質的な聞く力」とは、学習指導要領の指導事項に示されているような「(大事なことを)落とさないように集中して聞く」ということです。現場での聞くこと指導は、「態度的な側面」に偏っているように私は感じます。例えば、「話している人の方を見ましょう。」「何もいじらずに聞きましょう。」といったことを口酸っぱく何度も伝えたり、合言葉にしたりして子どもに刷り込んでいくような指導です。このような「態度的な側面」に対する指導が、現場では溢れています。同様の指摘は、堀裕嗣・研究集団ことのは（2002）でも行われています。

ただし、私はこれらの「態度的な側面」が全く無意味だとは考えているわけではありません。ですが、このような側面は、どちらかというと話し手に対する礼儀のような側面が大きいと考えています。礼儀を重んじる日本人として、こうした指導は大切ではありますが、それに偏っていては、「大事なことを落とさず聞く」という「実質的な聞く力」を育てることが疎かになってしまいます。

この「態度的な側面」に偏った指導に陥る原因は、本来は目に見えない「聞く力」において、「態度的な側面」は目に見えやすいからです。「あ、あの子、また話を聞いていないな」「やっぱりあの子はしっかり話を聞いている」などと、教師は子どもの態度を見て聞いているかどうか判断できるから、態度面への指導の方がしやすいのです。

一方、「実質的な聞く力」は、目には見えません。いくら態度面がよくて、聞いているように見えても、教師は子どもの頭の中をのぞくことは不可能ですから、本当に聞いているかは分かりません。逆に、手いたずらしていて全く聞いていないように見える子が、よく話を聞いていたということもおおいにあり得ます。（実際に、何かを触っていた方が落ち着いて話を聞けるという子もいます。）ですから、「実質的な聞く力」は指導しにくいのでしょう。そのため、教師の指導は態度面に偏るのだと私は考えています。

では、どのようにすれば「実質的な聞く力」を育てていくことができるでしょうか。

それは、**子ども達に聞いたことを「言わせる」**ことです。

例えば、ある子どもが授業中に発言したとします。その後、「今、○○さんの言ったことが言える人？」と全体に尋ねるのです。たった数秒前に友達が言ったことを、再生できるかという問いですが、はじめのうちはあまり手が挙がりません。しかし、そうした指導を繰り返していくうちに、（ほとんど）全員の手が挙がるようになっていきます。そういう姿になるように指導していくべきだと私は考えています。逆に、絶対にやってはいけないのが、子どもの発言を、教師が繰り返して再生することです。それをしているうちは、子どもは「自分で聞こう」という姿勢にはなりません。

また、「話を聞く力って、二種類あるんだよ。」と言って、「態度的な側面」と「実質的な聞く力」の二種類を分かりやすく伝える時間もとります。「相手に聞いているよ、と伝える聞く力」（態度面）「話の内容を聞き取る力（聞いたことを自分で言える）」（実質的な聞く力）などという言葉を使うと伝わりやすいです。4年生には、このように知的に理解させていく指導も不可欠です。

このようにして、**態度も実質的な聞く力も、両面を育てていく**ことが重要です。

普通にしていると、教師は目に見える態度的な側面の方を重視しがちですから、「実質的な聞く力を重視して育てよう」と意識するくらいでちょうどよいバランスになると、私の経験からは思います。重要なのは、自分の「聞く」指導がどちらかに偏っていないか、と点検したり、メタ認知したりすることです。それができれば、バランスを是正することができるからです。

(2) 聞く力を段階的に育てる

それでは、具体的に「聞く力」はどのように指導していけばよいでしょうか。

当たり前ですが、段階を踏んだ指導をしていきましょう。いきなり高度なことを子どもに求めてしまうと、なかなかうまくいかず、子ども達の意欲を低下させてしまいます。どのような段階を踏めばよいか、おおまかに示します。なお、この段階は全学年同様だと考えています。

- 聞こうとする態度を養う
- 話の内容をそのまま聞き取る
- 話の内容をまとめる（要約する）
- 話に対する自分の考えを持つ
- 話の工夫やよいところを見つける（批判的に聞く）

次項からはこれらの段階ごとに具体的指導や指導方針を見ていきましょう。

(3) 聞いた話を再生させる—友達の話、教師の話—

まずは、「聞こうとする態度を養う」ことと「話の内容をそのまま聞き取る」ことについてです。

これらは、同時に育てていきます。態度面を「静かに聞いている」「相手を見て聞いている」という見た目だけで評価せず、聞こうとしてさえいれば必ず聞ける話を「再生できる」かどうかという実質的な側面で評価していく、つまり態度面と実質的な聞く力の面とを同時に指導、評価していくことが有効です。具体的にいえば、教師からの簡単な話や指示、友達の話の後に、「今言ったことを言える人？」と尋ね、再生させていくのです。子ども達に、「静かに聞くこと」「相手の方を見て聞くこと」など態度面だけを求めずに、聞いたことを自分の口で再生できる、という実質的な聞く力を求めていくようにします。そうすれば、自ずと子ども達は静かに聞かざるを得ませんし、相手の方を見て聞かざるを得なくなっていきます。

子ども達の聞く態度面は、「話をそのまま再生させる」という、4年生なら、その気になれば必ず誰もができる活動を通して、指導したり評価したりしていきます。そして、クラス全体に「しっかり聞こう」とか「自分の口で言えてこそしっかり聞けたと言える」という雰囲気、価値観を根づかせていくのです。この段階の指導は最も基礎的な聞くことの指導であり、主に拙著『1年生担任のための国語科指導法』（以下『1年生国語』）や『2年生担任のための国語科指導法』（以下『2年生国語』）で詳述しています。子ども達の実態に応じて、そちらもご参照くだされば幸いです。

(4) 国語科以外でも鍛える——他教科の授業、教師の指示、朝会や行事——

このような、聞いた話を再生させていく指導は、国語科の授業中に限られたものではありません。むしろ、子ども達に聞く態度をしっかり根づかせていくためには、国語の授業中以外にも積極的に指導していくべきです。

例えば、他教科の授業中でも、子どもに意見を言わせた後に「今の○○さんが言ってくれた意見、もう一度言える人？」などとクラス全体に尋ねることも有効です。また、朝の会で教師が一日の予定を説明した後、「それでは、一時間目は何をしますか。分かる人？」などと尋ね、クイズ感覚で再生させていく方法もあります。さらに、全校朝会の後に、「今日は○○先生から夏休みの注意点三つをお話しされましたね。一つでも覚えている人？」などと尋ねて再生させていくこともできます。

このように、教師が少し意識を持つだけで、ひとまとまりの話の後に、子ども達に再生させていくような場面はいくらでもつくれます。

(5) 聞いた話をまとめさせる

↓資料編164ページへ

次に、「話の内容をまとめる（要約する）」段階の指導についてです。

3年生ごろからは「抽象思考」が育ち始めるということは、先述の通りです。当然、4年生の「聞く力」を育てるときにも、この「抽象思考」を伸ばすことを意識してみるとよいです。

資料編に紹介している「今のお話、一言でいうとどんな話？」（166ページ）のように、これまで述べてきたような、自分が聞いた話をそのまま再生させるのではなく、自分で一言にまとめて言うようにさせるのです。これだけで、「聞く」活動としては一気にレベルアップします。話の内容を「抽象的」にまとめなくてはいけなくなるからです。

このような指導には、必ず前段階の「聞く態度」及び「話をそのまま再生する」ということをクラスのほぼ全員ができてから、取り組むようにします。聞いた話をまとめさせる際は、「まるっきり話通りの言葉でなくてもよい（自分の言葉を付け足すなどしてよい）」「なるべく短くする」ということを子ども達に伝えていきます。はじめからできる子は少ないですが、繰り返していったり、ポイントを伝えていったりすることで、クラス全体ができるようになっていきます。

（6）話に対する自分の考えを持たせる

聞いた話の内容を自分でまとめることができるようになってきたら、今度はそれに対する自分の考えを持てるようにしていきましょう。相手の話を単に聞き取るだけ、つまり受信するだけで終わりの聞き手よりも、話を受けて自分の考えを持ち、それを発信していく聞き手の方がずっとレベルは高いと言えます。話を聞いて、「自分はどう思うか」ということを問うようにしていきましょう。いきなり「どう思うか」では難しい場合は、「賛成？　反対？」と二択にするなどして、自分の考えを持ちやすい工夫をしていくとよいでしょう。話を聞き取り、自分自身はどのように考えるのか、という意識を子ども達に持たせていくことが重要です。

（7）話の工夫、よかったところを見つける——批判的に聞く——

そして、子ども達が話を批判的に聞けるとさらによいでしょう。

「批判的」というと、不足点を指摘したり矛盾点に気づいたりと、揚げ足を取るようなことが想像されがちですが、それだけが「批判的」という意味ではありません。吉川芳則（2017）によれば、よいことはよいと評価することが本当の意味で「批判的」であるとされています。そうとは知らず、子ども達に否定や指摘ばかりさせていては、単に粗探しの上手な子に育ってしまうだけです。

4年生の子達に対して「相手の話の足りないところを考えながら聞いてごらん。」と投げかけるよりも、「相手の話のよいところを考えながら聞いてごらん。」と投げかける方が、より自然にできると思います。クラスの雰囲気をつくっていくという観点からも、相手の話のよさを見つけさせる方が適しています。話の内容をしっかり聞き取り、自分の言葉でまとめることができるようになってきたら、今度は話の工夫やよさを見つけさせるようにし、それをクラスで共有していくようにしましょう。

例えば、次のようなものが出てくるとよいです。

- ・最初に自分の考えを言っていた。
- ・例を出していた。
- ・一文が長くなくて分かりやすかった。
- ・ナンバリングを使っていた。
- ・ラベリングを使っていた。

これらは、**書くことの指導や説明的文章の指導ともつなげながら指導していくのが効果的**です。子どもが話したときに、自然とそれらで学習した内容が含まれていれば、それを取り上げて、他の子ども達に「今の○○さんの話、主張ははじめに言っていた？　後で言っていた？」とか「どういうところがよかった？」と尋ねて考えさせていくのがよいです。また、時には教師が、「こういう工夫を教えたい」と意図的にそれを含んだ話をして、その後子ども達に尋ねていってもよいでしょう。

2 話すことの指導

(1) 話すことの指導において重要なこと―相手意識を持たせる―

話すことの指導において重要なのは、相手意識を持たせるということです。

学習指導要領「A話すこと・聞くこと」の中学年の指導事項には、「目的を意識して」や「相手に伝わるように」といった文言が出てきます。これらは、「相手に伝えるということを念頭に置いて話す」ように指導していくということだと私は捉えています。つまり、「相手意識」を持って話すということです。相手に伝わってこそ話す力があると言えます。子ども達の「話したい」という気持ちを大切にして、クラス全員が話せるようにしていきつつ、その質を高めるため**「相手意識」を持たせていくように指導**していきましょう。

また、先述のように、子ども達の話す力を伸ばしていけば、同時に聞く力も伸びていきます。子ども達の話す・聞く力を伸ばそうと考えたとき、まずは聞く力に着手します。しかし、それだけでは必ず頭打ちしてしまいます。子ども達の話す・聞く力や話し合う力が停滞している、と感じるときは、話す力に焦点を当てて指導していくと、道が開けてきます。私がそうでした。

(2) 段階的に話す力を育てる

私は、話す力も段階的に育てていく必要があると考えています。

例えば、そもそもみんなの前で話すことができないのに、「相手意識」を持たせようとしてもうまくいきません。逆に、クラス全員がみんなの前で話すことができるようになっているのに、「話せさえすればよい」とされ、話の質の指導がされていかなければ、子ども達の話す力は高まっていきません。話す力の指導に限らず、段階的な指導をするということは、子ども達の実態に合った指導をしていくということなのです。これは、実は学年はあまり関係ありません。受け持った子ども達の実態をよく見取り、教師が判断して適切な指導をしていくべきです。

では、どのように話す力を段階的に育てていけばよいでしょうか。

私は次のような段階で考えています。

- 進んで話そうという態度を養う、人前で声を出すことに慣れる
- 一言しっかりした声で話せるようにする
- 自分の考えを持つ
- 自分の考えを的確に伝える

(3) 返事をしっかりさせる

まずは、聞く指導と同様、態度面と基礎を育てていかなくてはいけません。子ども達が「話そう」となっていないのに、その上にさらなる技術などを指導しても、それは砂上の楼閣に過ぎません。

しかし、最初から「みんな自分の考えをしっかり言うように。」と伝えても、実現していくのは難しいでしょう。人前で話すのが苦手な子にとって、「自分の考えをみんなの前で言う」ということは相当ハードルが高いことだからです。かといって、何も指導しなければ、4年生ごろからは、思春期に入っていく子もいるので、多くの子は自分からは話さなくなっていきます。

そこで、グッとハードルを下げて、「返事」から一点突破していきましょう。

よく考えてみれば、人前で自分を表現する、考えを堂々と話すという行為の最も基礎的なことは、「人前で声を出す」ということです。それすらまともにできないのに、「自分の考えを言いなさい。」というのは無理があります。まずは「はいっ！」としっかり返事できるよう指導します。これも最も基礎的な話すこと指導ですので、主に『1年生国語』や『2年生国語』の方に、詳述する機会を譲ります。

(4) 一言しっかりした声で話す

また、返事の指導に加えて、復習問題や誰もが分かる発問を授業冒頭に繰り返して、たくさんの子に発言させるようにしていくことで、自分の考えを積極的に話す素地ができてきます。

例えば、「前の時間に話し合ったことは何ですか。」「物語を書いた人のこと（既習事項）を何と言いますか。」などの問いです。これらは、子ども達にやる気さえあれば絶対に答えられる問いです。

毎時間毎時間、復習問題や誰もが分かる発問を繰り返していけば、既習事項の確認にもなるうえ、必ず手を挙げて立候補する子が増えていきます。ここで指名された子は「はいっ！　○○です！」と短く言いきらせるようにします。決して長く答える必要のある発問をせず、あえて短く言いきらせるようにしていくのがポイントです。しっかり返事をして、キビキビと一言発言できるように、テンポよく行っていくようにしましょう。

(5) 自分の考えを持つ

自分から立候補して、返事＋一言をしっかりとした声で言えるようになってきたら、自分の考えを堂々と話せる素地は育ったと言えます。

自分の考えを堂々と話せるようにしていくには、まず自分の考えを明確に持てるようにしていかなくてはなりません。「どうだろう、分かんないや」「どっちでもいいや」というような姿勢では、自分の考えを話すことなどできません。自ら積極的に考え、自分はこうだという考えを明確に持てるような姿勢にしていくことが大切です。

そこで、挙手を活用しましょう。発問をしたときでも、人数把握のために手を挙げさせたときでもいいので、「ビシッと」手を挙げさせるようにします。その際、「あなたはＡＢどちらの意見ですか。先生の方だけを見て、絶対に周りを見ずにビシッと手を挙げてください。」と声をかけます。

そうすることで、周りをきょろきょろ見て周りの動向に従う子ではなく、自分の考えを持ち、それを堂々と表明できる子に育てていきます。その際、少数派にもかかわらずビシッと手を挙げる子を、おおいに褒めましょう。そのような状況で堂々と自分の意見を言えたらなおさらです。子ども達に、周りに合わせるのではなく、自分の考えを持つのがかっこいい、という価値観を持たせていくのです。

(6) 自分の考えを的確に伝える

自分の考えを的確に伝えるのは、大人でもなかなか難しいことです。ここでは、自分の考えを確かに伝えられるようになるための指導法を三つ紹介します。

一つは、はじめに結論（主張）を言うように指導することです。

これは、先に挙げた言いきらせる指導にもつながりますが、「私は○○だと思います。なぜなら〜」などとはじめに結論なり主張を言う癖をつけさせます。4年生ですから、説明文の指導と連携して「頭括型で話そう」と伝えてもよいと思います。私は、話型はあまり好きではないのですが、これは、ある程度「型」として子どもに伝えた方がよいと考えています。低学年だけでなく中学年の子どもも、ダラダラと話し、聞いていても何が言いたいか分からない、という状況に陥りがちだからです。

そのため、ノートに自分の考えを書かせる段階から、「私は○○だと思います。なぜなら〜」という型を示して書かせます。そうすれば、基本的には子どもはそのように話します。繰り返していけば子ども達の中にも根づいていき、教師が型を示さなくても自然とそのように自分の考えをまとめるようになっていきます。また、それが根づいてきたころ、「はじめに自分の考えを言うと、聞いている人にはどんないいことがあるだろう。」と尋ね、考えさせるのも有効です。はじめに結論を言い、その後理由なり根拠を付け足していく、という話し方は相手の分かりやすさに配慮した表現方法です。

聞いている側は、「この人は、○○という考え方なんだな」という構えを持って話の続きを聞き、判断することができるからです。子ども達にそのよさを考えさせ自覚させていくことは、さらなる定着にもつながるので重要です。3年生で型を定着させたなら、4年生ではその効果も考えさせましょう。

二つめは、短く、簡潔に話すことです。

4年生になっても、やはり子どもはダラダラ長く話しがちです。そうすると、やはり聞いている側は分からなくなってきます。場合によっては話している本人も分からなくなってきてしまいます。ですから、子ども達には、なるべく短く簡潔に話させるようにします。具体的には「『、』ではなく『。』がたくさんつくように話してごらん。」と伝えます。そうすると、一文が短くなっていき、簡潔な話になります。「、」が多い話の例と「。」が多い話の例を教師が実際にやってみせるとより効果的です。

最後に、話をするときの体の向きを、教室の真ん中に向けることです。

普通に話させると子どもは、どうしても教師のいる教室前方を向いて話そうとします。これでは、聞く子達がいくら話す子に体を向けていても、目が合わずコミュニケーションが成立しにくくなります。明確に「教室の真ん中を向いて話します。」と指導し、真ん中を向いて話す癖をつけるようにします。「先生にではなく、みんなに向けて話す」という意識を持たせるようにしていきます。聞く側にとっても「自分に向けて話しているんだ、聞かなくちゃ」と聞く姿勢をさらに高められるので有効です。

(7) 根拠と理由を言わせる

相手に伝わる分かりやすい話をするには、根拠と理由を示すことが重要です。これは、聞き手を納得させるうえでも重要ですし、話し手の話す力、考える力を高めるうえでも重要なことです。

そして、特に重要なのが「理由」を話させることです。根拠を示す指導は、今では常識のように行われています。例えば読みの授業において、「○○だと思います。」と話した子に対して、教師は、「それはどこに書いてあるの?」と本文から根拠を出すように求めます。ですから、先回りして、「○○だと思います。23ページに、~と書いてあるからです。」と話す子も多くなっています。

根拠をしっかり示すことは大切なことです。ですが、それだけでは不十分です。もう一段階レベルを高めないと、「分かりやすい」話ができる子には育ちません。

例えば、「ごんぎつね」の授業で、「ごんは、兵十に対して親しみの心を持っていたと思います。なぜなら、『兵十のかげぼうしをふみふみ』と書いてあるからです。」というのは、間違ってはいないのですが、物足りません。根拠を抜き出して満足してしまい、なぜ自分が、ごんが兵十に親しみの心を持っていたと思うのかという理由を述べるに至っていません。これでは、自分の中では理由が十分あったとしても、十分な説明にはならず、その結果、他者にも伝えることができていません。教師は、子どもに根拠だけでなく理由も話させる意識を持つことが重要です。

指導法について二つ述べます。

一つは、子どもが根拠のみにとどまった発言をしたとき、「なるほどねー。」と流してしまうのではなく、「~と書いてあるから?」や「~と書いてあるから何なのですか?」とさらに尋ねるだけです。そうすると先の発言では、「『兵十のかげぼうしをふみふみ』と書いてあって、加助もいるのにわざわざ兵十の方のかげぼうしを踏んでそれくらい、自分と同じひとりぼっちの兵十に近寄りたいということが表れていると思うからです。」等と、根拠だけでなく理由づけも含めた発言が引き出せます。

「〜と書いてあるからです。」という発言よりも、こちらの方が叙述を組み合わせていて、比べ物にならないくらい、教師からすれば引き出したい読みではないでしょうか。このような発言は、発言する子にとっても理由づけをしようとすることで深い読みに至りますし、聞いている子にとっても、「たしかに！　分かる！」と納得することができます。根拠も重要ですが、この理由づけを語らせることこそ、その子の個性が出るところであり、より面白いのです。

いま一つは、発言する前にノートに根拠と理由を書かせることです。これは下学年にはなかなか難しいことです。先の、教師との問答によって理由を引き出す経験をたくさんさせてから取り組みます。根拠と理由という言葉が難しければ、子ども達には「本文の言葉」「考えたこと」などと示し、教師がたくさん具体例を出してあげることです。一度ではなく何度も繰り返し指導することで、4年生の子どもなら十分、根拠だけでなく、理由づけまで自分で書き、堂々と話せるようになっていきます。

3 話し合いの指導

ここまで述べてきた聞く力の指導と話す力の指導がうまくいっていれば、課題がある程度しっかりしたものであれば、4年生なら十分話し合い活動はうまくいくはずです。一人一人の聞こうという態度と実質的な聞く力が伸びており、自分の考えを話そうという態度と見合った話す力が伸びていれば、特別な指導をせずとも思いのほか話し合いは成立するのです。

とはいえ、純粋な「話す・聞く」とは違った話し合い特有の力があるのも事実です。

ここでは、これまで述べてきていない、子ども達の話し合いの質を高める指導技術や、4年生特有の話し合いの指導について述べておきたいと思います。

(1) 自分の意見を積極的に言える子に育てる―音読立候補や一言発表から―

自分の意見を積極的に言う、挙手して発言する。このような姿の子どもを育てたいが、なかなかうまくいかない……。この問題は、すべての小学校教師が一度は壁にぶつかる問題です。

授業協議会を思い浮かべてみてください。グループでは多くの意見が出たとしても、全体協議の際、積極的に発言する先生は一部ではありませんか。子ども達に対して指導している先生が積極的に意見を言わないのは……と私は思うので、授業協議会に参加して言いたいことがあるときは必ず言うようにしていますが、そういう人はあまり多くありません。大人でもこのような状況なのですから、子どもにとっても同じです。

話し合いのできるクラスに育てていくには、子ども達の積極性を他の場面でも育てていく必要があります。その際、「全体の前で自分の意見を言う」ということよりも、グッとハードルを下げて、全員が取り組めるレベルで繰り返し育てることが有効です。私が取り組む具体的場面を二つ紹介します。

一つは、音読への立候補です。

音読であれば、書いてあることを読むだけなので、意見を言うよりもハードルが下がります。特に、音読の宿題に出している文を音読することであれば、その気になりさえすれば誰でもできます。授業中に、音読の立候補を募る機会を多くつくります。あまり手が挙がらないようであれば「あれ？　みんな毎日音読の練習しているんだよね？　学校で読めないと意味がありませんよ。」などと突っ込みを入れます。宿題で出しているのですから、スルーしてはいけません。「ここ、読める人？」と尋ねて、ほとんどの子が勢いよく「はいっ！」と立候補するように指導していきましょう。そうしたら、次は宿題に出していない文章（「書くこと」単元など）や国語以外の授業でも音読の立候補を募っていきます。こうして、人前で一人で声を出して読むということに慣れさせていきます。そうすれば、意見があるときは徐々に言えるようになっていきます。

いま一つは、朝の会などでの一言発表です。

朝の会や帰りの会を行うクラスは多いと思います。教師だけが話して終わりでは面白くありません。そこで、朝の会なら「今日の目標」や「当番や係からのお知らせ」などを、帰りの会なら「よいと思った友達の行動」や「当番や係からのお知らせ」などを、一人一人が一言話すコーナーをつくります。指名なし発言で、言いたい子が立ってはっきりした声でテンポよく言っていくようにします。4年生ともなると、とてもよいことに気づき話すようになっていきます。毎日やる時間が無ければ、「毎週〇曜日」と決めて取り組むとよいでしょう。ほぼ全員が話せるようになるとよいです。

(2) 出された意見に反応する力を育てる

一人一人の積極性が育つと、意見がたくさん出されるようにはなります。

しかし、そこで終わってしまうと「意見の発表会」になってしまいます。出された意見に対するさらなる意見が出され、さらに深まるところまでいくのが望ましい「話し合い」だと私は考えます。

そのように、出された意見をもとに深まっていく話し合いができるようにしていくには、子ども達の「反応する力」を育てなければいけません。出された意見に対して、自分の考えを述べられるようにしていくのです。実は、これが難しく、なかなかできません。自分の意見を言うだけであれば、あらかじめノートに書いたことや考えていたことなどを、勇気を持って立候補して言えばよいのですが、出された意見に対して反応してさらなる意見を言うには、その場で考えて話すという即興性が求められるからです。この「反応する力」を伸ばせてこそ、話し合いを通して自分の考えを深められた、自分の意見を言ったり友達の意見を聞いたりしているうちに自分の考えが整理されてきた、という話し合いの究極の成果を得られる子どもに育っていくことでしょう。

たった一つの手法で「反応する力」を育てられるということはありませんが、私なりの「反応する力」の育て方について三つ紹介します。

一つは、「なんとかして反応しよう」という態度を養うことです。話す指導の「話に対する自分の考えを持たせる」ことにも重なりますが、友達の考えを聞いて、それに対して自分の考えを持てる聞き手がよい聞き手であり、話し合いの参加者であるという意識を子ども達に持たせるのです。

ある程度、聞く力も話す力も育ってきた段階で、「友達の考えに対してさらに意見を言える人が、話し合いができる人です。」「自分の意見を言えておしまいではありません。」等、「反応しよう」という姿勢を持たせるための言葉かけをしつこくしていきます。4年生にはこれくらい求めるべきです。

また、意見に対してさらに意見を言えている子を価値づけて、クラスで共有していくことも有効です。そうして、子ども達の意識を「よく聞いて反応できるようにしよう」としていくのです。

二つめは、質問を出させることです。質問をする、というのは最も手軽にできる「反応」です。

例えば、「Aさんは、～と言いましたが、なぜそう思ったのですか。」とか「Bさんは、～～と言いましたが、それは例えばどんなことですか。」「Cさんが言ったことがよく分からなかったので、もう少し詳しく話してください。」などです。

はじめは、あまり質問は出てきませんが、徐々にこうした質問が出されます。出てきたら、おおいに褒めることです。「あなたの質問のおかげで、よく分かった、という人が他にもたくさんいると思います。素晴らしい質問だったね。」「君はよく話を聞いているから質問ができたんだよ。質問ができる、ということは、よく聞いて、よく考えているということです。」などと、全力で褒めていきます。

そういうことを繰り返していけば、意見が出そろった後「はい、じゃあ、友達に質問がある人？」と聞くだけでパッと手が多く挙がるようになっていきます。議論に発展していくこともあります。

三つめが、子ども達に「これは違うなと思うものを見つけてごらん。」と指示することです。

子ども達からたくさん意見が出されると、教師はそれらをどれも大切に扱いたくなり、「これもいいね、それもいいね、あれもいいね、どれもいいね」と扱ってしまいがちです。そういうことを繰り返していると、逆に子どもはやる気を失っていきます。結局、何が正解なのか分からず、自分の考えは合っていたのか、間違っていたのか分からず達成感を得にくいのです。授業としても、押さえるべきことを押さえられない、中途半端な授業になってしまいます。

必要なのは意見の「絞り込み」です。どれが正しく思われ、どれが間違っていると思われるか、出された意見を検討していかなくてはいけないのです。意見を精査していくのです。

その際、「どれが正しいと思いますか。」と問うよりも、「どれが違うと思いますか。」と問う方が子ども達は考えやすくなるのでおススメです。人は粗探しの方が得意ですし、正しい理由を言うよりも、違う理由を言う方がしやすいものです。子どもも同じで、教師が黒板に字を書き間違えたときなど、すかさず指摘しますよね。そういう習性をうまく利用します。

「これは違うな」と思う意見を指摘させる際、必ず根拠や理由を言わせます。例えば読み違いであれば、「○ページに～と書いてあって、これは××だということだから、Aさんの考えは違うと思います。」という具合です。こうしたことができれば、一気に話し合いは深まっていきます。

「違っている」と言われるのは意見を出した側からすると傷つくのでは、と思われますが、子どもはそんなにやわではありません。すぐに慣れますし、「次こそは！」と意見をより強固なものにしようと頑張るようになります。教師が、「Aさんの意見のおかげで、こうやって議論になって、本当に勉強になりました。ありがとう。」などと、間違いを価値づけることも重要です。

もちろん、互いの解釈を話し合う、クラス遊びを決める、など正解のない話し合いであれば、互いの解釈に触れることや合意形成がねらいですから、「どれも正解」で、授業のねらいも達成できていることになります。この場合は、「絞り込み」よりも「幅を広げる」「認め合う」「組み合わせる」という姿勢が必要になります。子ども達には、「これは正解がある話し合い？　それともない話し合い？」と尋ねて考えさせ、認識させることが大切です。そのような認識があれば、「今は正解があるから、どれが正しいかよく考えよう」「今は正解がないから、自分とは違う考えの子を探しながら聞こう」と、構えを持ちながら話し合いに臨むことができます。4年生であれば、この二種類の話し合いの違いは十分理解できます。

(3) 意見の共通点や相違点に着目させる

話し合いを進めていくうえで重要となるのが、互いの意見の共通点や相違点に着目させることです。そうすることで、話し合いの内容が整理されてきて、考えも深まっていきます。

学習指導要領の「A話すこと・聞くこと」「オ話し合うこと」の中学年の指導事項には、「互いの意見の共通点や相違点に着目し」という文言が出てきます。

子ども達が共通点や相違点に着目しやすい工夫について二つ紹介します。

一つが板書の工夫です。下の図のようにベン図を用いるなどすると、共通点や相違点が可視化され、子ども達にも分かりやすくなっていきます。板書の工夫で子ども達に気づかせたいと考える際は、あらかじめ教師が子どもからどんな意見が出されるかを想定しておかなくてはいけません。そうして、教師が意図を持って整理していき、子ども達に気づかせていくのです。

いま一つが、取り立てて指導することです。

共通点や相違点を見つける、という名目のもと話題を設定し、話し合わ

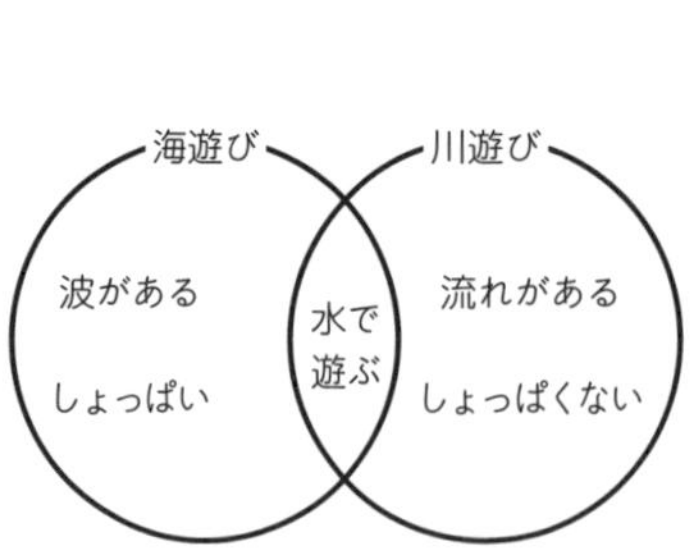

せるのです。この際、話題は簡単なものにした方が子ども達は取り組みやすくなります。例えば、「海遊びと川遊びの同じところと違うところは？」という話題で海派と川派に分かれてそれぞれのよさを話し合います。同じところは「水で遊ぶ」などが出されるでしょう。違いとしては「海はしょっぱいけれど川はしょっぱくない」「川はスイカなどを冷やせるけれど海はあまり冷やせない」「海は波がある、川は流れがある」「海では砂浜でも遊べる、川は石などで遊べる」などが出されるでしょう。

これらを黒板に整理していくことで、子ども達は「同じところ」や「違うところ」という概念が理解できていきます。その後、物語や説明文の授業等でも、先に述べたベン図などで整理すると子ども達もスムーズに共通点や相違点に着目することができます。ゆくゆくは、テーマを変えてグループでやらせてみたり、ペアや一人でやらせてみたりすると、一人一人の活動や思考が保障されるでしょう。

(4) 役割を持った話し合い活動の指導─「クラスみんなで決めるには」の指導─

中学年からは司会など役割のある話し合い活動も指導事項に入ってきます。

低学年のうちは教師が話し合いを進めていましたが、中学年では司会を子ども達にやらせることもあります。4年生では、3年生で学習した司会という存在や役割を意識しながら、話し合いができるように指導していくとよいでしょう。

光村4年下には「クラスみんなで決めるには」という、役割を意識しながら話し合いをする単元が設定されています。ここでは、子どもが自分たちで話し合いを進められることを目指します。

まず、司会グループの役割や話し合いの基本的な進め方を指導します。自分たちで話し合いを進めさせる、というとすべて子ども達に任せてしまう方がいます。それでは、時間がいくらあっても足りませんし、子ども達も迷ってしまいます。最初はある程度教師が役割や基本的な進め方を指導した方が、子どもも安心して取り組むことができます。

また、話題は写真のように（「クラスだけの遊びを作ろう」）、子ども達に身近で、話し合いたいと思えるようなものにします。ここで重要なのは、クラスみんなで合意形成する話し合いをすることなので、話題は身近なものでよいのです。話題も高レベルなものにしてしまうと、多くの子どもが意見すら持てなくなります。

そのうえで、話し合いをさせます。その最中、教師は全力で子ども達の様子を観察します。私はすべての言葉をメモしながら、考えたこと、指導したいことをメモしていきます。観察の観点は、司会などの役割をしっかりこなすことができていたか、聞き取りやすい声で話していたかなど「形式的な面」と、発言の質やまとめ方などの「内容的な面」の二観点で徹底的に分析しながら話し合いを見守ります。

そして、話し合いの後、子ども達から「今回の話し合いのよかったところと直した方がよいところ」を出させます。最後に、教師が話し合いを見ていて指導すべきと思った形式面と内容面のことを指導します。こうした活動を繰り返していくと、司会など役割のある話し合いの質もどんどん高まっていき、ゆくゆくは、写真のように子ども達だけで話し合いを進めていけるようになります。

そして、他の領域（例えば読みの授業など）で話し合いを自分たちで進めさせ、教師は板書だけをする、などと発展させていくとよいです。「世界にほこる和紙」（光村）の話し合いでは、課題「世界に最も誇れるものは何か」だけ私が提示し、「あとはみんなが話し合ってごらん。」と伝え、ずっと黙って子ども達の話し合いを板書することだけに徹しました。最初は少し戸惑っていましたが、ある子が「まず意見を出し合いましょう。」と切り出しました。意見が出された後は「質問をし合って、意見を絞っていきましょう。」と話し合いを自分たちで進めていました。「クラスみんなで決めるには」での司会など役割のある話し合いの経験がここで生かされていました。このように、時には子ども達に任せ、話し合いを自分たちで進める場面を他領域や他教科でもつくるとよいでしょう。

→資料編168－169ページへ

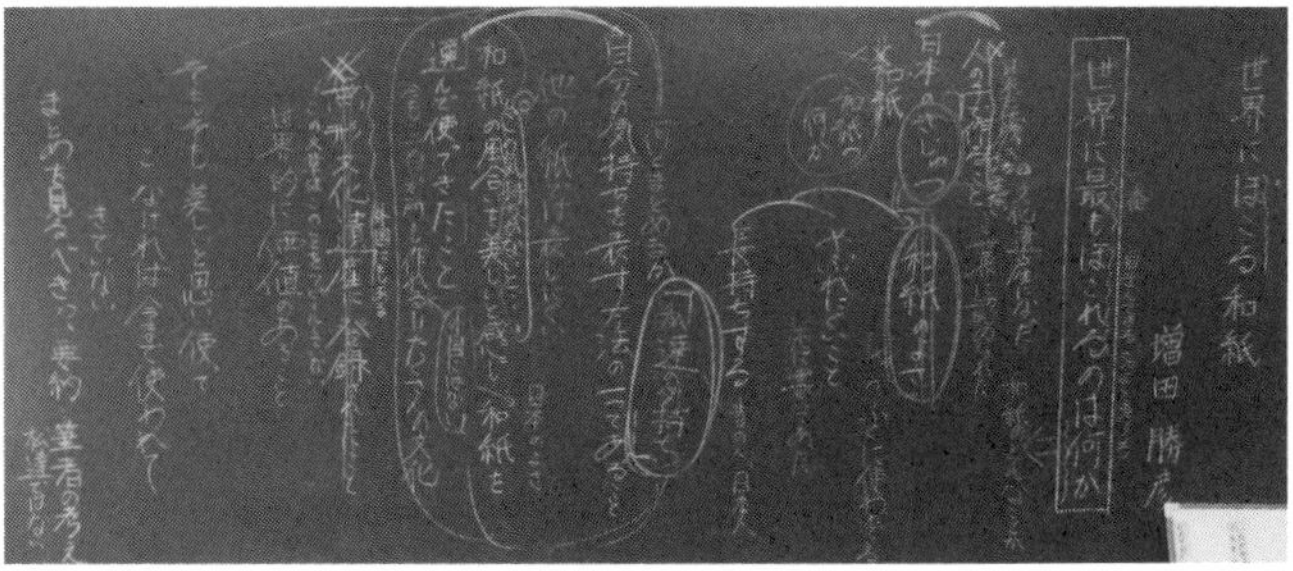

(5) ペアやグループでの話し合い

ここまで、クラス全体での話し合いを念頭に置いて、その指導法について述べてきました。話し合いは、クラス全体で行うだけではありません。むしろ、一人一人に「対話的な学び」を保障するため、昨今ではペアやグループでの話し合いを多く取り入れる傾向があります。そのため、本書でも、子ども達のペアやグループでの話し合いのレベルを高めていくための指導法を紹介しておきます。

ペアでの話し合いでは、写真のように相手の目を見て、体を向き合わせて話すように指導します。４年生では、はじめは目を合わせるのを恥ずかしがる子もいますが、教師がその重要性を伝え、続けていけば子ども達の中で当たり前になっていきます。活動も様々行い、慣れさせていきましょう。（活動例は資料編をご覧ください。）「ペアで話して。」と教師が指示したらパッと話せたり、授業中に子どもの方から「先生、ペアで話していいですか。」と提案してきたりするくらい、子ども達にペアでの話し合いに慣れさせます。授業でも積極的にペアで話し合う時間をとります。前後ペアや隣ペアなど、なるべく多くの子と、ペアで話すことに慣れさせていくようにしています。

グループでの話し合い指導において有効なのは、「よい話し合いをしているグループの話し合いをみんなで見る」ことです。長崎伸仁監修、香月正登・上山伸幸編著、国語教育探究の会著（2018）では、子ども達の話し合いを文字化した資料などから、話し合いの「やり方」（コツ）を、子ども達自身に発見させていくというユニークな実践等が紹介されています。その考え方を援用し、代表者の話し合いをみんなで客観的に見て、よいところや課題を出し合い、自分たちの話し合いに生かしていきます。普段は話し合いをしていてなかなか気づけないことにも、見ることに専念すれば気づけるものです。話し合いの「やり方」（コツ）に気づいていくと、それを真似して、上手な話し合いができるようになっていきます。見つけたコツは掲示物にして共有しましょう。

第2章

書くことの指導

私は、子ども達の書く力を高めることを非常に重要視しています。

書く力は考える力、表現する力などが合わさった複合的で、高次の能力です。書く力を高めることは難しく、子ども達の国語の力の中でも最後にやっと伸びてくる力でもあります。書く力が高まることは、子ども達を知的にし、粘り強く思考できる子にしていくということです。当然、他の教科でも成果が出やすくなり、子ども達の学力は飛躍的に伸びていきます。教師に指導力があり、育っているクラスでは、子ども達の書く力が高まっています。反対に、あまり育っていないクラスでは、「多くの子がちょろっと書いて終わり」「『何書けばいいの？』のオンパレード」というような様子が見られます。それだけ、「書く」という行為は難しく、ハードルが高い、面倒な行為なのです。

ゆえに、子ども達の書く力を育てるというのは簡単なことではありません。それでも、4年生なりに書く力を高めていきたいものです。そのために私は、次のような方向性で子ども達の書く力を高めています。

「書く量」を伸ばす→徐々に「質」の指導もしていく

基本的に、これはどの学年を持つときも変わらない、私の指導方針です。指導上最も重要視すべきは、子どもの「意欲」です。これがないと、どんな指導をしても空回りします。また、どんな子も「質の高い文章」を書くのは無理です。大村はま先生も「みんなが文章のうまい子にはならない」という旨のご発言をされています（大村はま（1994））。それなのに、子どもが書いた文章のダメ出しや、もっとこうした方がいいというアドバイスばかりでは、子どもは書く意欲を失います。

しかも、4年生ともなると、それまでの経験によって書くのが苦手な子は苦手意識がかなり強くなっています。ですから、まずは「書く量」を高めていくように指導します。「書く量」は誰の目で見ても成果が分かりやすく、達成感も得られるからです。文章の質はある程度目をつむります。そうして子ども達は、たくさん書けると「自分は書くことは苦手ではないな」と思い始めます。書くことに対する抵抗のない体になっていくのです。そのような状態に育てていって、次第に「質」の指導をしていけばよいのです。この際も、「全員に！」と焦る必要は全くありませんし、そんなことは無理です。先述のように、書く力は、考える力が大きく関わり、考える力が高まらなければ書く質も高まりようがありません。物事を考える力は、一朝一夕で高まるものではなく、書く力も同様です。（だから、書く力が育っているクラスはすごい、とも言えますね。）

子ども達が楽しみながら、たくさん書いて、徐々に質を高めていく……そんな方針での指導を紹介していきます。

1 書く量を増やし、書く意欲を引き出していく

まず、「書く量」を増やしていく指導法について述べていきます。

先述のように、私はどの学年を担任したときでも、「量」→「質」という順で指導していきますが、「量」を指導する際は、子ども達の発達段階に合った学習活動を取り入れます。

毎時間の国語授業で、短時間で取り組める書く活動を継続的に、繰り返し取り入れて鍛えていくのがよいと私は考えています。繰り返していくことで、子ども達は少しずつ進歩していき達成感を得られ、自信がついていくからです。単発の楽しい活動もいいのですが、それだと子どもは前回からの進歩が感じられません。地味な活動でも繰り返し行うことで、活動への見通しも立ち、どの子も参加でき、なおかつどの子も成長を感じられます。

拙著『1年生国語』や『2年生国語』でも紹介していますが、低学年では「文単位」でたくさん書かせるようにしています。1年生では「主語くじ」で主語を変えながら文をたくさん書く活動を、2年生では「箇条書キング」で箇条書きをしながら書く量を増やしていく活動を紹介しました。子ども達の実態によっては、3年生以降も、これらの活動を活用することができると思います。

ですが、私は基本的に3年生以降は、「見つめて見つめて書きまくれ!」という活動を中心に、子ども達の書く量を増やしていくことにしています。(→資料編170ページへ)この活動は、2年生の「箇条書キング」をレベルアップし、教室の中にある物などを観察して文章でつなげて書いていくものです。「見つめて見つめて書きまくれ!」でも、「書いて書いて書いてみよう!」でも、ネーミングは子ども達と一緒に考え、しっくりくるもので構いません。とにかく、「書く量を増やそう。」「鉛筆を止めません。」「たくさん書けた人の勝ちです。」などと声かけし続け、子ども達の書く量を増やしていきます。

はじめは、書いている内容には特に言及せず、とにかくたくさん書けていることを価値づけていきます。これは、子ども達の書く意欲を引き出すことや書くことに対する抵抗を和らげることにもつながります。教室にある物（文具や蛍光灯、黒板消しなど）を見せて、「見て分かること、気づいたこと、何でもよいからとにかくたくさん書いてみよう。」と投げかけるのが「見つめて見つめて書きまくれ！」ですが、量だけを書けばよいのであれば、基本的に誰でも取り組むことができます。はじめは2、3行くらいしか書けなくとも、繰り返していくうちに10行くらいはみんな書けるようになりますし、子どもによっては2ページ弱くらい書いてしまう子も現れます。すると、「初めてこんなにノートに文を書いた。」とか「前やったときよりもたくさん書けるようになった。」と子ども達が口にするようになっていきます。

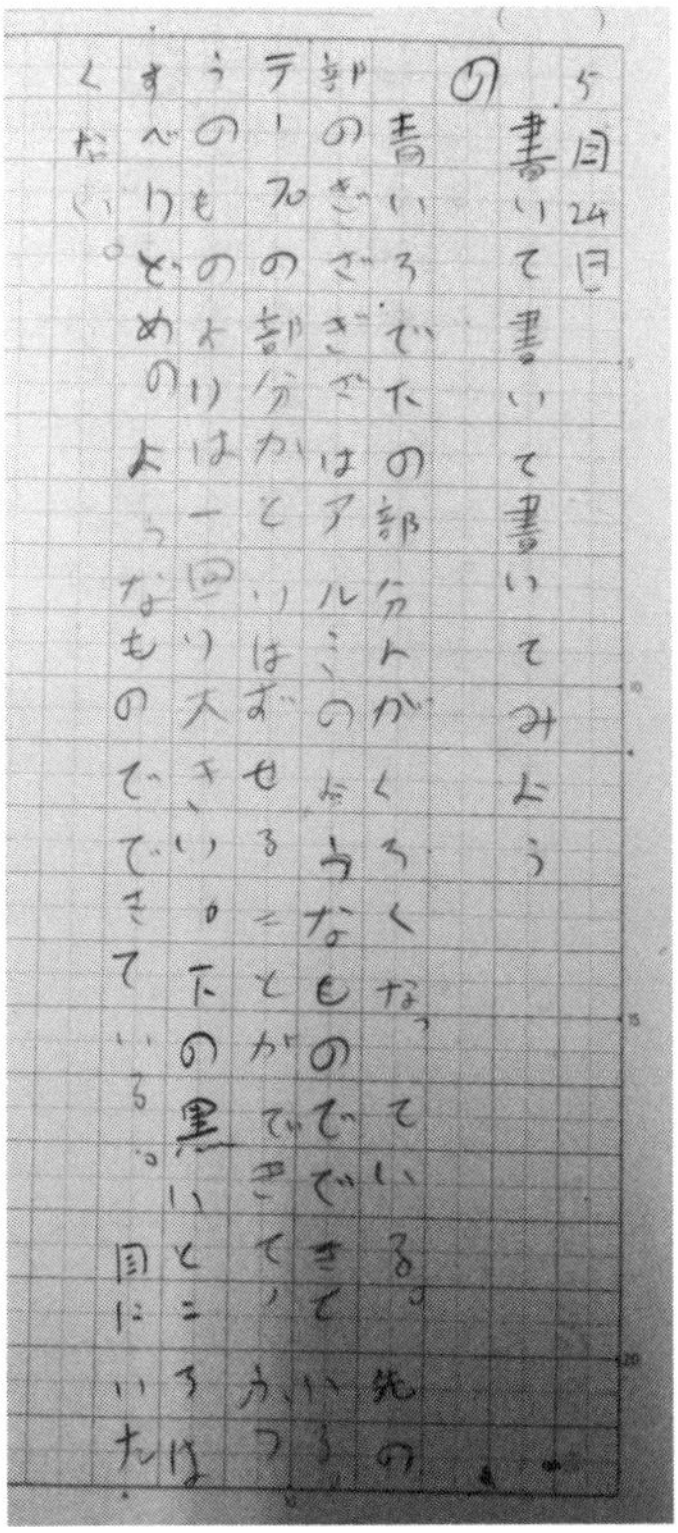

　自分は書くのが苦手だと思っていた子も、意外なほどにノートに文を書くことができたり、はじめはあまり書けなくても繰り返していくうちに書けるようになってきたりして、書くことが苦ではなくなっていきます。そうして、結果的に子ども達の書く意欲をさらに引き出すことができるのです。

　教師が様々な働きかけ、声かけをするのも、子ども達の書く意欲を引き出すうえで非常に重要です。しかし、それ以上に大切なことは、「たくさん書けた」という事実なのです。4年生になって、「初めてこんなに書いた！」と言うある子は、その後ずっと書くことに夢中でした。

そして、この活動などで引き出した子ども達の「書く量」「書く意欲」は、国語科の他領域、また他教科での学習へと広げていきましょう。写真のように、他領域、他教科の学習においても「たくさん書くぞ！」「まだ書きたい！」という子達へと育てていくのです。そうしてこそ、本当の「書く指導」と言えます。

国語科の中の「書くこと」だけに閉じていては意味がありません。先述のように国語科は他教科の基礎となる教科です。書くことは他教科でも毎時間行います。ですから、このように派生させてこそ意味がありますし、子ども達の本当の自信にもつながります。

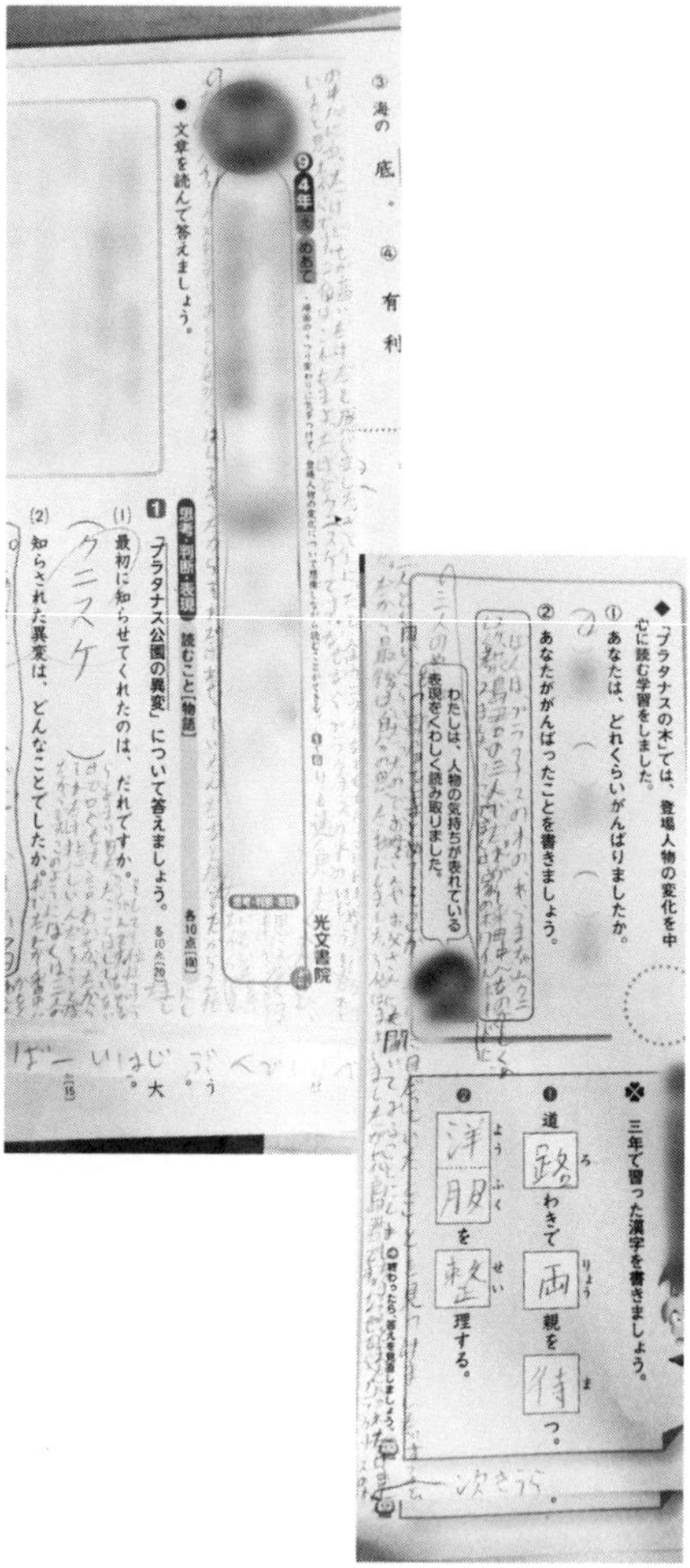

「プラタナスの木」のテストの自由記述欄。枠をはみ出して，ウラまで書いている。内容は，一番重要だと思う脇役について家で家族と話し合ってみたというもの。

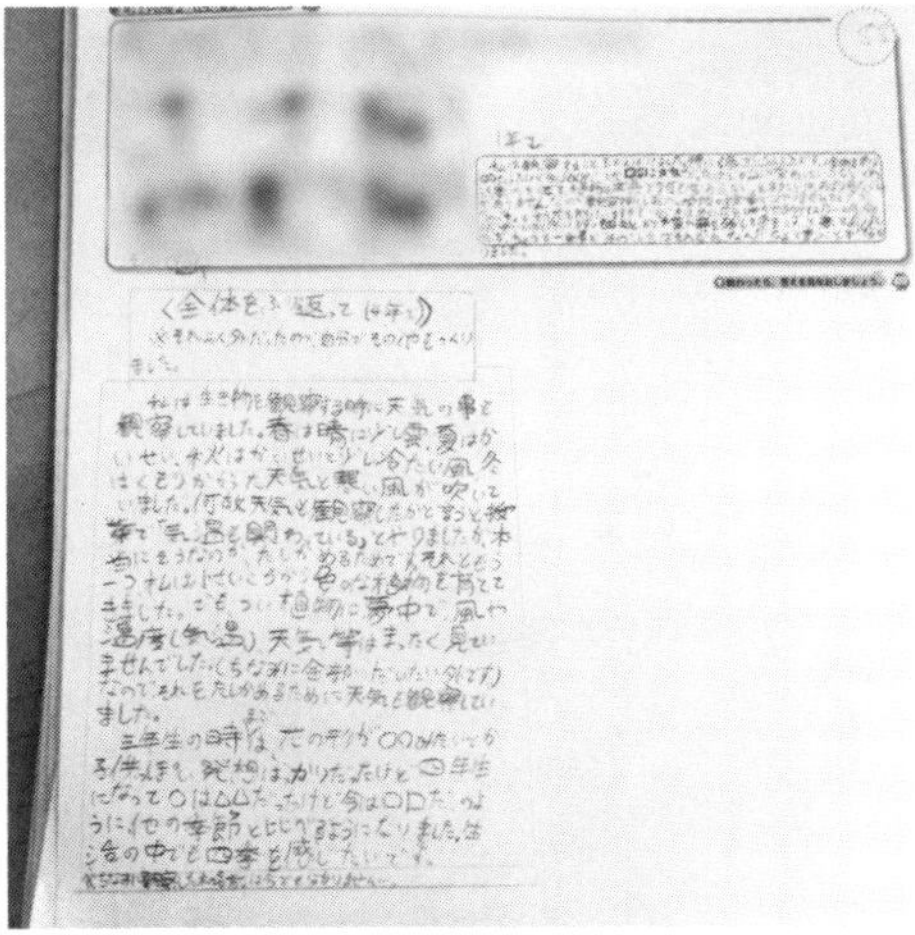

理科テストの自由記述欄

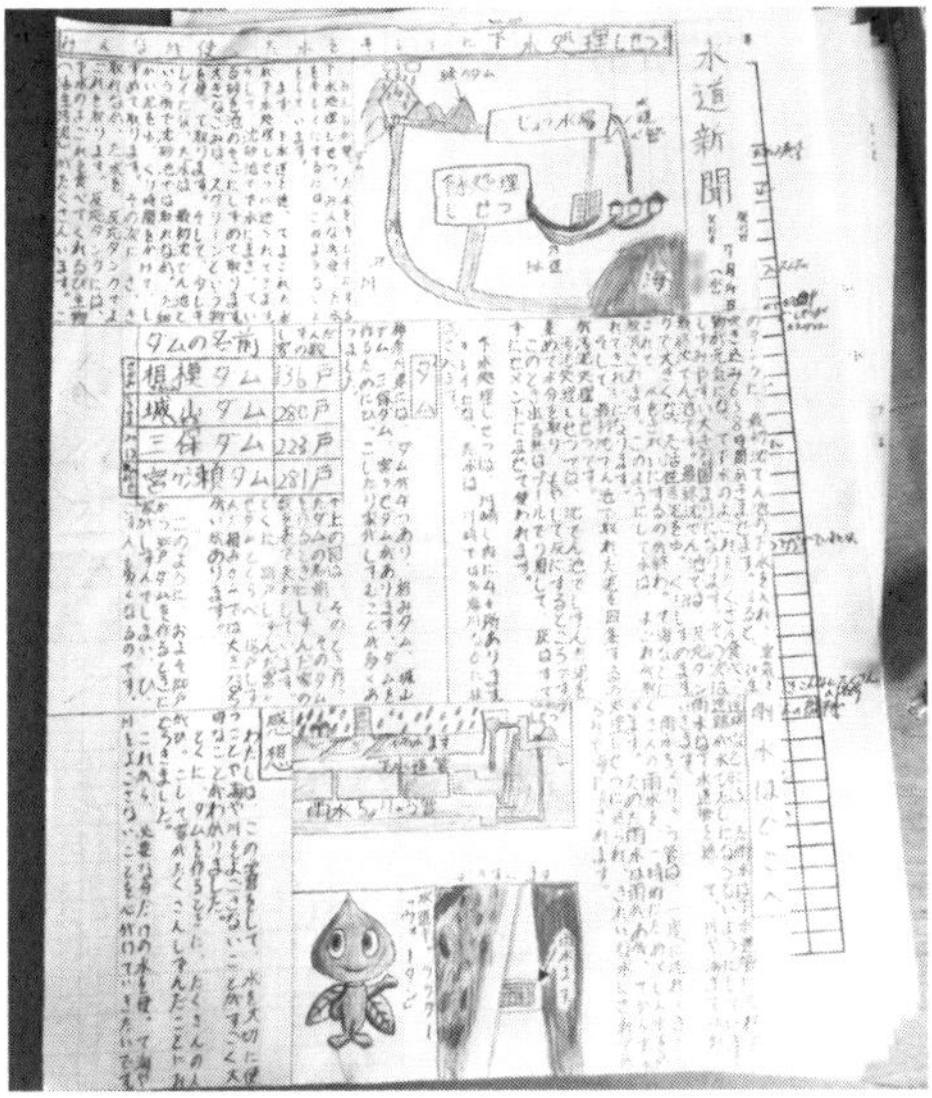

社会科新聞。５ミリ方眼の１マス１字でみっちり書いている。

その段階まで書く量、書く意欲を高めることができれば、書く質への指導も入りやすくなっていきます。写真のような段階にくるまでには、「書いて書いて書いてみよう！」など書く量を増やす活動を継続的に繰り返していくこと、それに伴い、子ども達が書けたという達成感を味わい意欲をさらに高めるというサイクルをつくることが欠かせません。

　また、そのサイクルを通じて一人一人が成長し、最終的にはクラス全体に「書くときはとにかく書きまくる」「たくさん書けるってかっこいい」「とにかく鉛筆を動かしてみる」という風土・雰囲気のようなものが醸成されていくことが重要です。

そのような風土ができあがれば、子ども達は書くことに全く抵抗なく、むしろたくさん書くのが当たり前、手を抜いていい加減に書くのはなんだか自分でも気持ち悪い、というように育っていきます。繰り返しになりますが、書く指導は、書く量、書く意欲を高めることからすべてが始まるのです。

2 日記指導で「質」を高める

(1) 日記指導で高めたい力

子どもの「書く質」の方は、私は、文字数限定作文（資料編171－172ページを参照）や日記指導からアプローチすることが多いです。ここでは、紙幅の都合上、日記を通して子どもの「書く質」を高める指導について詳しく述べたいと思います。（とはいえ、文字数限定作文も授業で手軽に取り組めて非常に面白いのでぜひ取り組んでみてください。）「書く」という行為は「考える」という行為そのものであり、「書く質」を高めることは、子ども達の「考える」力を高めることにつながります。

では、どのように子ども達の書く質を高めていけばよいでしょうか。

それは、具体的にいえば次のような力です。

- 書きたいことを見つける力
- 焦点を絞って書く力

・自分なりに考えたことを書く力

これは、低学年、中学年、高学年でも、書く内容のレベルの上下はあっても、大きくは変わりません。そして、これら三つの要素は、それぞれが単独で存在するのではなく、絡み合っています。

次項以降は、これら三つの力について具体的に述べていきましょう。

(2) 書きたいことを見つける力―クラス全体で面白がりながら―

まず、書きたいことを見つける力、というのは自分が何を書くかを決め、それを調べたり、詳しく見たり、考えたりしようとすることも含みます。「取材力」と言えます。取材力がない子は、よく「書くことがない」と言います。しかし、話を聞いてみると、前日に何もしていないわけではないのです。それなのに、「書くことがない」と言って書けないでいます。何か特別な場所に連れて行ってもらった日などには書けても、そうではない日には書けないことが多いです。

一方、取材力がある子は、何の変哲もない一日を過ごしたとしても、さらっと日記を書くことができます。例えば、公園に行って遊んだときに見つけた虫についてのこと、ブランコの漕ぎ方、など様々なことを面白がって書いてきます。特別な場所に連れて行ってもらったときも、単にそこで自分がしたことを書くだけでなく、ジェットコースターの仕組み、チケットの仕組みなど、自分なりに疑問に思ったことを書くことができます。

このような、書きたいことを見つける力、取材力は、一朝一夕で育つものではありません。考える力、物事を見つめ分析する力などが関わっているからです。

ですから、日記指導でじっくりと育てていくのが適しています。後述しますが、日記指導では、他者の日記をたくさん聞く（読む）ことになります。その中で、「あぁ、そんなことでも書いていいんだ」「〇〇さんは、僕がなんとも思っていなかったことを詳しく考えているんだなぁ」などということを経験します。そうして徐々に書きたいことを見つける力が高まっていきます。すぐには高まりませんが、自分なりの題材を見つけて書いてきたときなどはおおいに認めてあげることが大切です。後に子ども達が書いた日記を紹介しますが、実にバラエティーに富んでいます。「そういうテーマできたか！」というものが多くあります。そういう日記をクラスみんなで読み合い、面白がりながら、楽しく書きたいことを見つけられる力を高めていきたいものです。

(3) 焦点を絞って書く力―「題名のつけられるもの」「一つのことを詳しく」―

次に、焦点を絞って書く力は、自分で決めた題材を中心にして書いていくことです。これができない子の日記は、次のような一日のことをまんべんなく同じように書くものになりがちです。

「朝起きて、顔を洗って、歯磨きをしました。次に朝ご飯を食べました。おいしかったです。次に公園に遊びに行きました。楽しかったです。その次に買い物に行きました。……」

ですから、このような子達には、「題名のつけられるものを書こう。」「一つのことを詳しく書こう。」と伝えます。まんべんなく一日のことを書いた日記は、題名をつけられず、つけるとすれば「〇月〇日」となるでしょう。このような日記を書いているうちは、「書く質」は高まっていきません。

すべての物事を非常に浅くしか書けないので、浅くしか考えていないということだからです。

そこで、「題名のつけられるものを書こう」という合言葉のもと、題名のつけられる日記を書いた子の日記を紹介したり、教師がわざと題名のつけられないものを書いて紹介して比較させたりするなどして、具体的にどのような日記が「題名のつけられるもの」なのかということを理解させていくとよいでしょう。「一つのことを詳しく書く」ということが分かっていきます。

うまくできない子には、焦点を絞る練習を一緒にするとよいでしょう。

例えば、「一日の出来事すべて」を書いてきた子に対しては、「この中で何が一番楽しかった？ そのことだけを詳しく書いてごらん。」などと声をかけます。また、「公園で遊んだこと」を書いてきた子に対しては、「公園で遊んだ中で何が一番覚えている？ そのことを詳しく書いてみよう。」などと声をかけ、具体的に焦点を絞らせていくのです。そうすることで、子どもはその「具体」から焦点を絞るということを理解していきます。焦点を絞って書けるようになるということは、「一つのことを詳しく見つめる」ことができるようになるということです。それはすなわち、先に挙げた「書きたいことを見つける力」の向上にもつながっていきます。

(4) 自分なりに考えたことを書く力—書いていて思ったことでもよい—

小学生は、出来事だけを書き連ねていく「出来事日記」を書いてしまう子が多いものです。4年生でも、多くいます。先に挙げた、一日の出来事をまんべんなく書いてしまう「題名のつけられない日記」も、この「出来事日記」の一種です。

「日記」ですから、その日にあった出来事を書いて何ら問題はないのですが、そこに自分の考えたことが書かれていないと、面白みのないものになります。積極的に「考えたこと」を書かせるようにしましょう。そのとき思ったことを書いてもよいし、書いていて思ったことを書いてもよい、と伝えると効果的です。子ども達は、日記を書くときどうしても「そのときに自分が思ったこと」を書かなくてはいけないと思いがちです。そうするとかなり書けることが絞られてきます。そうではなくて、「今（日記を書いているとき）、そのときのことを思い出して考えたこと」も書いていいのです。大人も、そのときは無意識にしていても、あとから振り返ると思うことがあるということは多くあります。文章を書くよさはそういう、無意識を意識化できるということでもあるのです。

また、「疑問に思ったこと」を書かせるというのも面白いです。疑問に思うというのは、自分の頭で考えている証拠です。

そして、教師がたくさん褒めることです。自分なりの考えが書けている日記をクラス全体に紹介しながら、「○○さんの日記は、自分が考えたことがたくさん書かれていて本当に面白い！」「よく考えているのが伝わります。」「よくそんな疑問を見つけたね！　先生が小学生のときは何も感じなかったよ！」などと本気で褒めます。クラス全体で、文章には「自分なりに考えたこと」を書くものだ、という共通認識をつくっていきましょう。

(5) 三つの力は絡み合っている

ここまで、日記指導で私が育てたい力を三つ紹介してきました。

先にも述べたように、これら三つは絡み合っています。自分なりに考えたことが書けるようになれば、たとえ人と同じことをしたとしても、自分なりの書きたいことを見つけ自分なりの文章を書けるようになっていきます。そして、書く文章は焦点の絞られたものになっていきます。

逆に、焦点の絞られたものを書こうと意識しているうちに、自分なりの考えを書くようにもなりますし、自分なりの題材を見つけようともします。自分なりの題材を見つけようと繰り返すうちに、自分なりの考えを持つようになり、焦点の絞られた文章を書けるようになっていきます。

書きたいことを見つける力・焦点を絞って書く力・自分なりに考えたことを書く力は三位一体

つまり、どれが原因で、どれが結果というよりも、どれもが原因ともなり得るし、結果ともなり得るのです。ですから、私は、これら三つを総合的に伸ばしていくことが、結果的に子ども達の書く力を高めていくことになると考えています。

「この子達は一つのことを詳しく書けていないな」とか「考えたことを書けている子が少ないな」などという、目の前の子ども達の実態に合わせて、何を重点的に指導するかを判断するのは担任です。

⑹ 日記指導の肝は「紹介」にある

ここまで、日記指導で育てたい三つの力について具体的に紹介してきました。どの項目においても出てきたのが、子どもの日記をクラス全体に紹介しながら育てていく、ということです。

子ども達の日記を紹介することは、学級での日記指導の肝です。

やり方は簡単です。下準備として、教師がすべての日記に目を通して、その週に紹介したいものに「読んで！」と書いておきます。紹介したいものを決める基準は、先に挙げた日記指導で育てたい力三つと、目の前の子ども達の実態とを照らし合わせて決めていくとよいでしょう。「いろんな題材に触れさせて、自分の書きたいことを見つける力を高めたいから、このユニークな題材で書いた日記を紹介しよう」「まだまだ考えたことを書けない子が多いから、自分の考えが明確に書けている子のものを紹介しよう」「以前指導した、一つのことを詳しく書く、ということが最近できるようになった子の日記を紹介して、たくさん褒めよう」などと、意図を持って選択します。

日記紹介の手順は、資料編170ページにて詳しく紹介しています。簡単にここで述べれば、「読んで！」と書いてある子に、読ませて（音読）いき、他の子によいところを見つけさせるのです。もしも、一人一人読ませる時間がなければ、学級通信などにコピーを載せて配るという手もあります。いずれにせよ、優れた日記をクラス全体で共有し、そのよさを広げていくということです。

○日記を紹介することのメリットと注意点

日記を紹介することのメリットは、子ども達の意欲と書く質を高めることです。

普段一緒に過ごしている、同じクラスの友達が書いた日記を読み合うというのは、教師が口で「こういう風に書こう。」と伝えるよりも何倍も効果があります。どこかよそから持ってきた文章でもなく、同じクラスのあの子が書いたものを紹介するから、意味があるのです。

子ども達にとって、これほど大きな「刺激」となることはありません。「○○さんの書いた日記、面白いなぁ！」「自分も頑張ろう！」という気持ちになってくれます。後述するように、私のクラスでは毎週金曜日に日記紹介をすることになっているのですが、子ども達はその時間を心待ちにしています。「先生、日記紹介まだですか⁉　早くしてほしいです！」と言ってくる子が後を絶ちません。「今回は『読んで！』が書いてあるかなぁ！」と楽しみにしている子もいます。金曜日が学校行事等でイレギュラーな日は、子ども達は「今日、日記紹介ありますか……？」と気が気でない様子です。

大きな「刺激」となり意欲を向上させると同時に、書く質を高めるうえでも大きな効果を発揮します。子ども達から実際に出てきたものを扱うので、子ども達の実態に合っていることが多く、子ども達も「なるほど！　そういう風に書けばいいのか！」と腑に落ちやすいのです。これが、よそから持ってきた例文等では、実態に合っていないことが多く、指導の効果も薄くなりがちです。

また、学級経営にもつながります。

普段大人しくてあまり自分を出さないけれど、文章を書くことだったら……という子はクラスに必ずいます。そういう子にスポットライトを当てることができます。クラスみんなで「○○さんの日記ってすごいね」と認める機会になります。そういう機会があると、クラス全体がなんとも言えない、ほっこりした雰囲気になっていきます。隠れていたその子のよさに気づき、認め合い、その子もうれしそうにします。子ども達同士が、日記を読み合ってお互いを理解し合っていくことが可能なのです。

このように、日記紹介にはたくさんのメリットがあります。日記に取り組んでいるクラスでは、取り入れない手はないくらいです。

一点、注意が必要なのは、子どもに「拒否権」を認めることです。たとえ日記に「読んで！」と書いてあったとしても、内容的に全体の前では読みたくない、コピーしてほしくないという場合があります。そういうときは、子どもに拒否することを認めます。日記を書いて「これは全体の前で読みたくないな」という場合は「読まない」とあらかじめ書いておくのです。（ですが、ずっと「読まない」と書く子は非常に稀であり、多くの子は、「ぜひ読みたい！」と思うようです。）また、「これはどうしても読んでもらいたい！」と教師側が思う場合は、「読まない」と書いてあっても、改めてその子を呼んで「この日記、みんなの勉強になるから、ぜひ読んでもらいたいのだけれど、ダメかな？」と頼むこともあります。

○日記紹介は子ども達に波及していく

日記紹介をすることで、子ども達は、「あ！　いいな、この日記！　自分も書いてみよう」とか、家で書いていて何を書こうか迷ったとき「そうだ！　○○さんの書いていたように書いてみよう」とよさを波及させていきます。このように、友達の日記のよさを真似している子も、さらに紹介して褒めます。「真似できる人は、賢い人です。素晴らしい！」とクラス全体に伝えます。そうすれば、日記紹介の効果はさらに倍増していき、クラス全体の意欲や書く質がどんどん高まっていきます。

（7）日記の基本システム――一年間、無理なく続けられるシステム構築を！――

ここまでをお読みになって、いかがでしょうか。ご自分のクラスでも「日記システム」を取り入れたい！という思いになっていれば、うれしいなぁと思います。そんな方のために、私のクラスでの日記のシステムを紹介しておきます。

システム1　提出頻度：週に一度。月曜日に提出する。他の日にも書きたい人は書いてもよい。

提出させるのは、週に一度月曜日のみです。子どもたちは、基本的には土日に書いてくることになりますが、平日に書く子もいます。「日記」というと、毎日取り組まなくてはいけないのかなぁと敬遠する先生が多いですが、毎日書かせ、そしてそれを読むのは、子どもにとっても教師にとっても負担が大きいものです。ですから、私は週に一度にして、その代わり「質」を求めることにしています。元々、日記指導は、私の「書くこと」指導の中では「質」を高めるためのものですし、ある程度の「質」のものを子どもに求めるのであれば、それ相応の時間も必要だと思います。そう考えると、やはり一週間ごとに出させるのがよいという結論になりました。週に一度であれば、一年間挫折することなく続けられますし、一年間続ければ四〇回くらいは、ある程度の「質」の文章を書くことになるので、それで十分だと考えています。

「他の日にも書きたい！」という子もいるので、その場合ももちろん書いてよいことになっています。他の日に書かれたものももちろん教師が目を通し、「読んで！」になる可能性もあります。しかし、他の日に書くことを決して強制はしません。

システム2　用紙・分量：用紙は基本的に四〇〇字原稿用紙を使用、分量は自由。

私は、基本的に3年生からは日記でも原稿用紙を使用します。どれくらいの分量書けたかが分かりやすいです。原稿用紙は6年生までずっと使うので、使い方もきちっとここで指導してしまうとよいでしょう。

システム3　基本スケジュール：月曜日提出・火〜木曜日に一つずつ丁寧に読み、コメントと「読んで！」を選ぶ・金曜日日記紹介。

月曜日に提出された日記を、空き時間などを利用して丁寧に読んでいきます。教師が丁寧に読み、評価するから、子どももいい加減に書かず頑張って書くようになります。木曜日までに読み終え、コメントすればいいので、かなり猶予があります。これなら一年間続けられます。金曜日には日記紹介をします。多くの子が土日に書くので、金曜日に紹介してから家に帰すことで、友達の日記を参考にしやすいのです。

システム4　賞罰は設けない。

日記に関して賞罰は設けません。これは、「素晴らしい日記を書いたからシール一枚」とか「日記の宿題を忘れたからおかわりなし」というような、日記を書いたから何かご褒美があるとか、逆に日記を書かないと罰があるというシステムにしない、ということです。あくまでも、「書くことが楽しい」「日記を読み合うのが楽しい」という雰囲気をつくっていくことが重要だと考えているからです。賞罰を設けると、そこが歪んでしまいます。

(8) 4年生の子ども達が書いた日記

ここからは、紙幅の都合上ごく一部にはなりますが、実際に4年生の子ども達が書いた日記を紹介していきたいと思います。日記指導で育てたい三つの力を見て取りやすいものを紹介していきます。

○書きたいことを見つける力

まずは、書きたいことを見つける力が分かりやすいものです。4年生にもなると、「日記に書きたい!」と思ったことは、実際に行動するようになります。そうして、書くネタをさらに広げていくようになります。

社会科で学習したことをきっかけに、そこに実際に行ってみてそのことを日記に書く……これぞ教科横断的な学びであり、私はこういう、実際の行動が伴った日記を最大限に評価し、紹介します。「実際にやってみた」「実際に行ってみた」ということは、それだけ、日記を書くことや学習に対して情熱があるということです。

このように、日記指導を通して、子ども達を育てることができるのです。

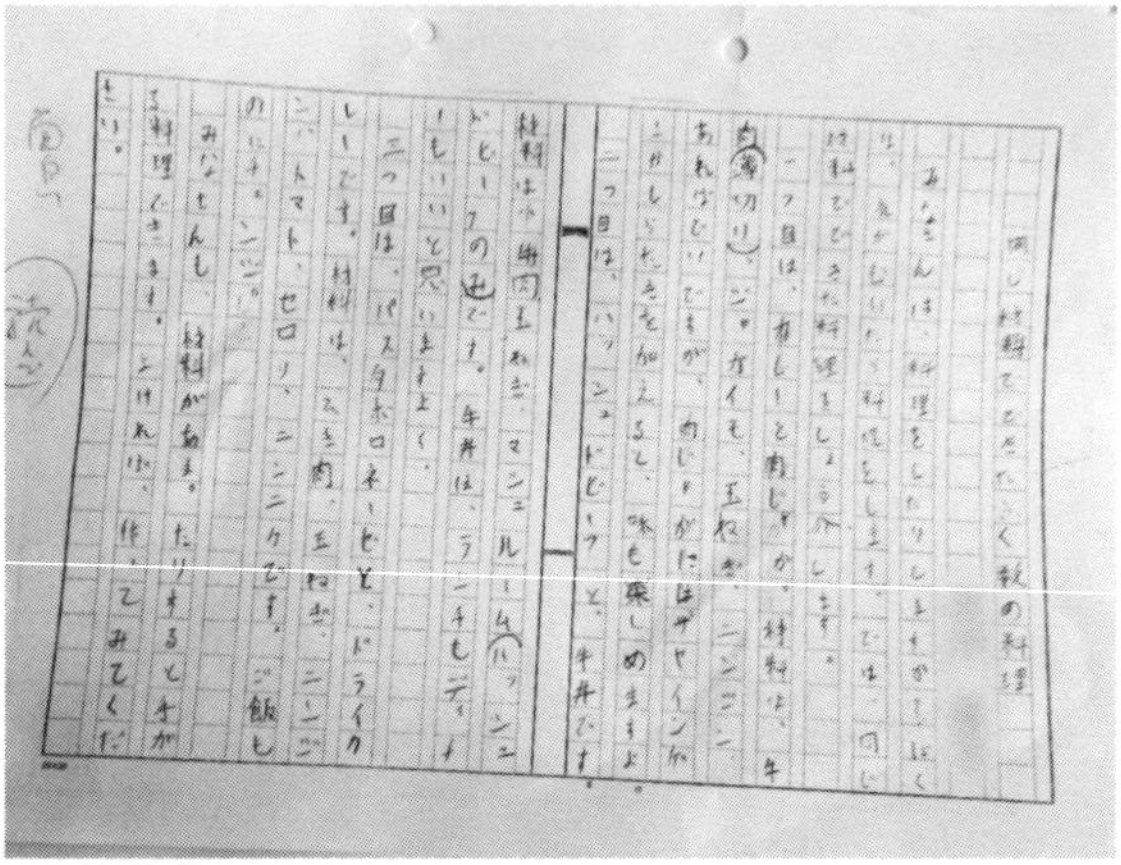

同じ材料で違う料理ができたということについて。

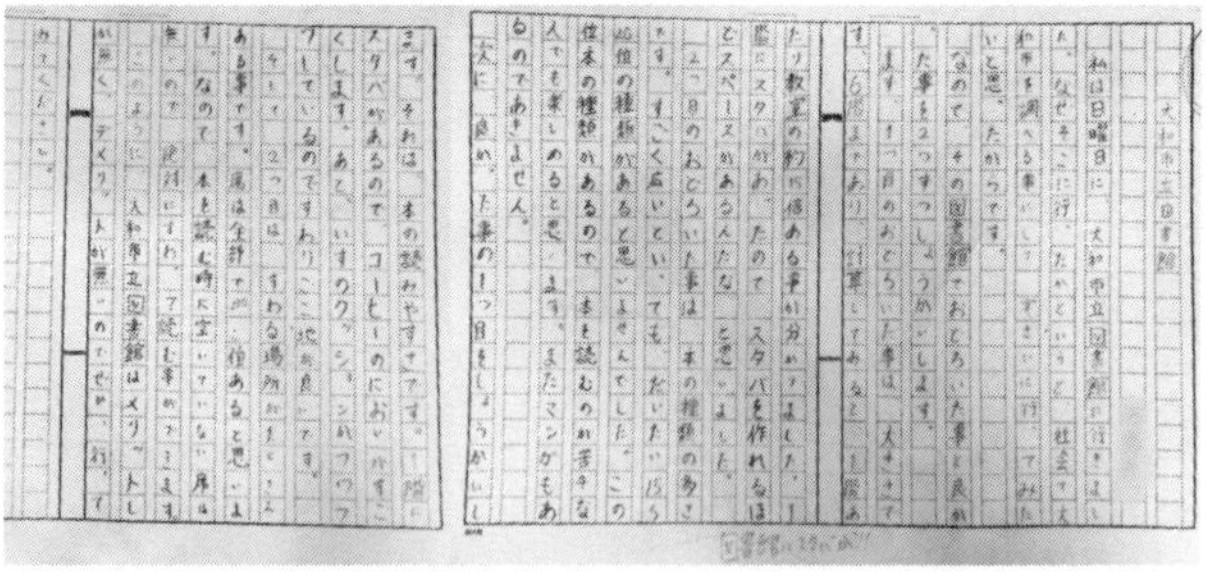

社会科で学習した神奈川県大和市の有名な図書館に
実際に行ったことをテーマにしています。

○焦点を絞って書く力

次に、焦点を絞って書く力です。焦点を絞れると、自分なりの気づきを得られたり、一つのことを突き詰めて考えたりすることができるようになります。記述量も多くなっていきます。細かいことでもたくさんのことを考えることができるようになるからです。

子ども達が書く題材は、焦点が細かければ細かいほどよいと思っています。育ってくると、「よくもこんな狭いテーマでひとまとまりの文が書けるよなぁ」という文章を書いてきます。ここに紹介しているのも、一部であり、複数枚をこれらのテーマで書いています。狭いテーマで文章を書ければ書けるほど、それだけ、物事を見つめる力が高まっているということです。積極的に子ども達に「狭いテーマで書こう」と伝えていきます。

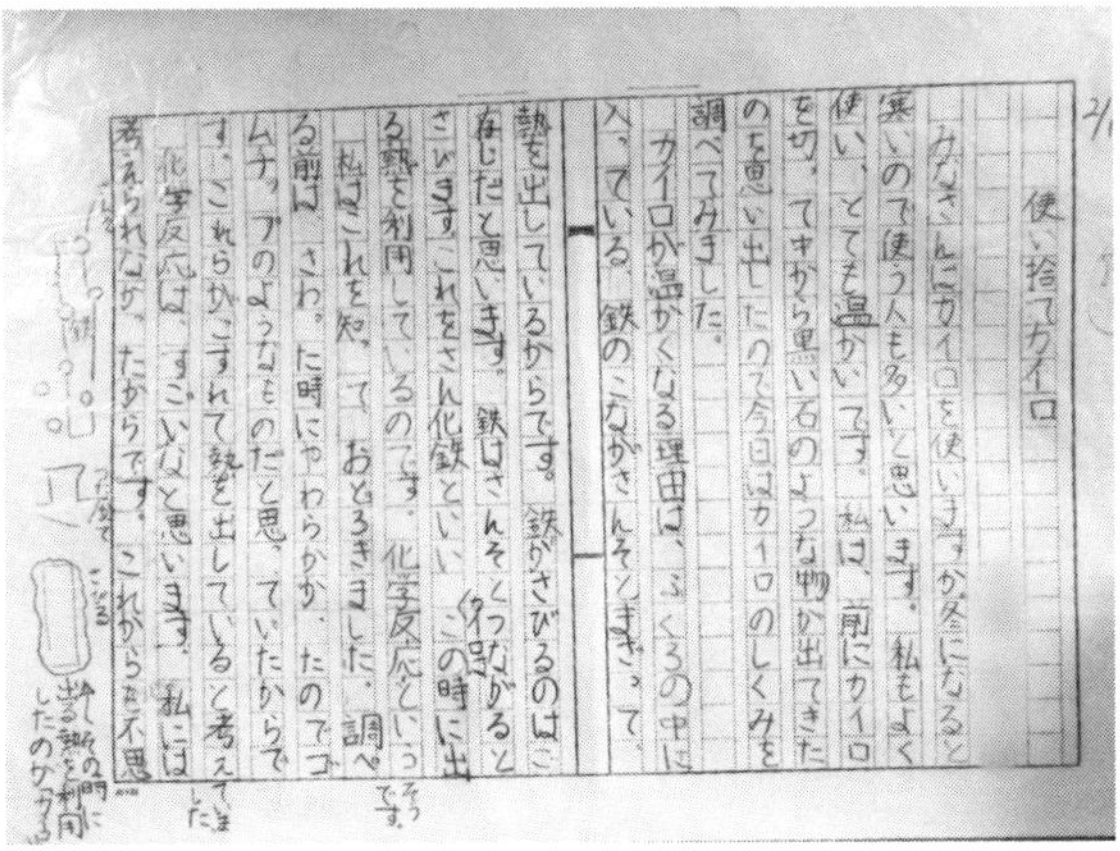

使い捨てカイロ

みなさんはカイロを使いますか。冬になると寒いので使う人も多いと思います。私もよく使い、とても温かいです。私は、前にカイロを切ってそれから黒い石のような物が出てきたのを思い出したので今日はカイロのしくみを調べてみました。

カイロが温かくなる理由は、ふくろの中に入っている、鉄のこながさんそとむすびついて熱を出しているからです。

使い捨てカイロについて。

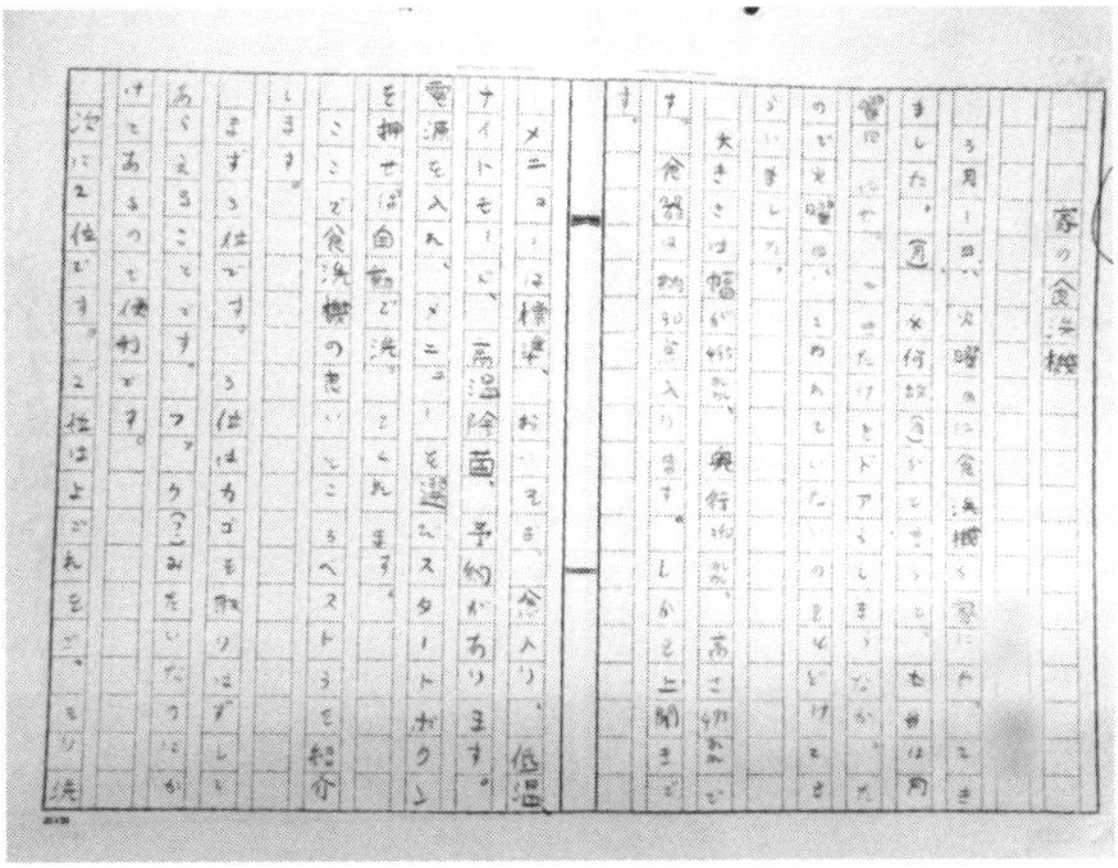

家の食洗器について。

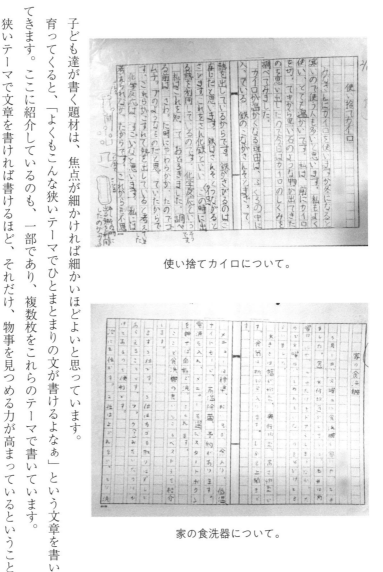

○自分なりに考えたことを書く力

最後に、自分なりの考えが表れているものです。自分なりの見方、考えたことを書けるということは自分なりの文章が書けるということで、書く力の根幹とも言えます。非常に重要なので、子ども達の日記をクラスで共有し、自分なりの考えを持てるよう育てていきたいです。

次ページ上段の日記は、後に述べる説明文「アップとルーズで伝える」で学んだ「対比」を援用しています。

下段の日記は、自分の好きな歌手をランキング形式で、理由や考察とともに書いています。

どちらも自分なりの見方で、自分なりの考えを書けています。

また、形式としても、4年生にピッタリです。対比やランキング（事例列挙型の一部）は3・4年生で学習した説明文の基本構造でもあるのです。こうした作文を書けるということは、その文章の形式のよさを理解し、物事の見方・考え方も習得している表れです。そして、対比や事例列挙という型を更に利用し、自分の考えを構築していく、というよいサイクルが生まれるのです。

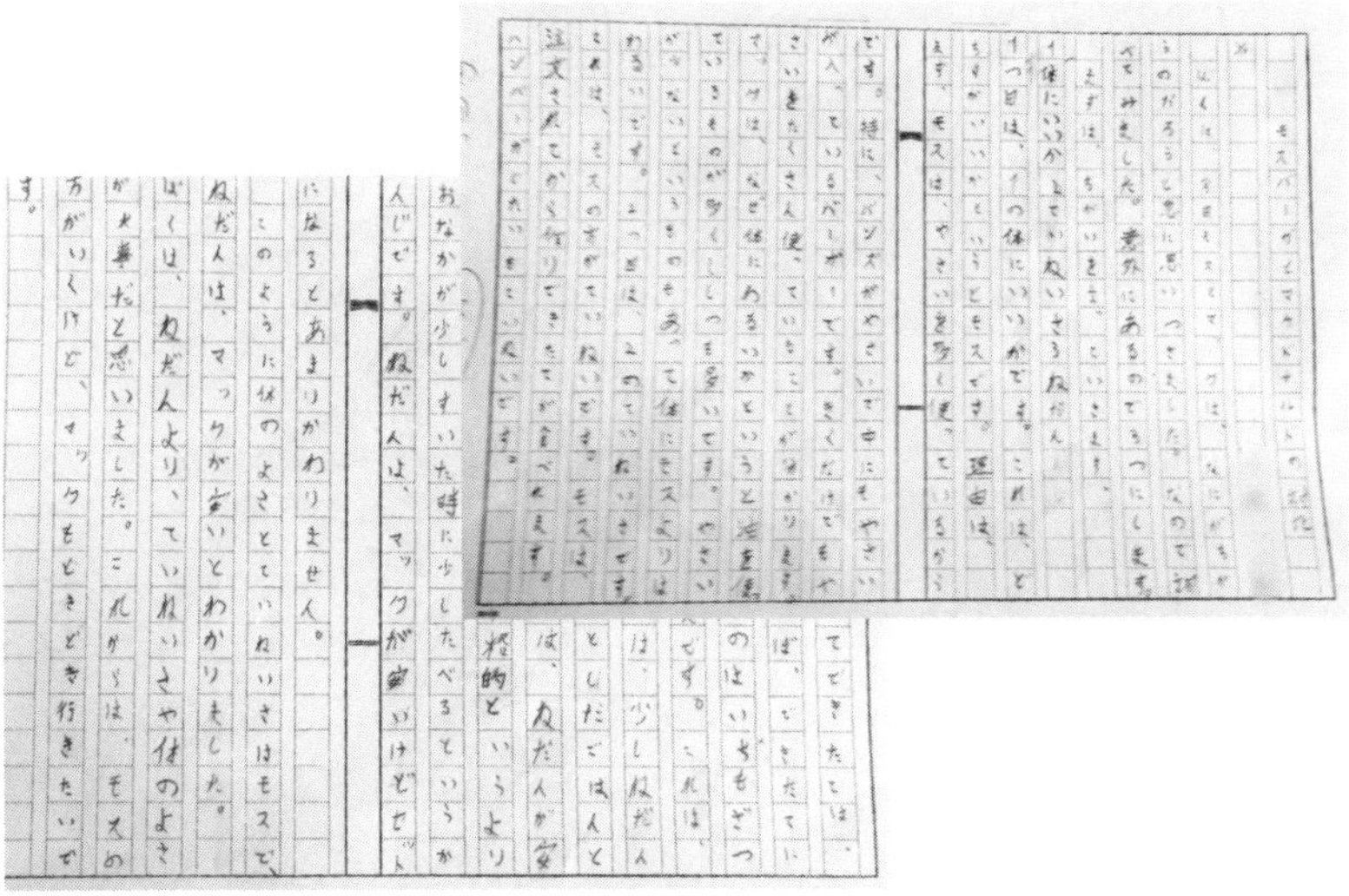

モスバーガーとマクドナルドを自分なりの観点で対比している日記。結論的にはモスの方が優れているとしているが，マックもときどき行きたいと結んでいる（笑）

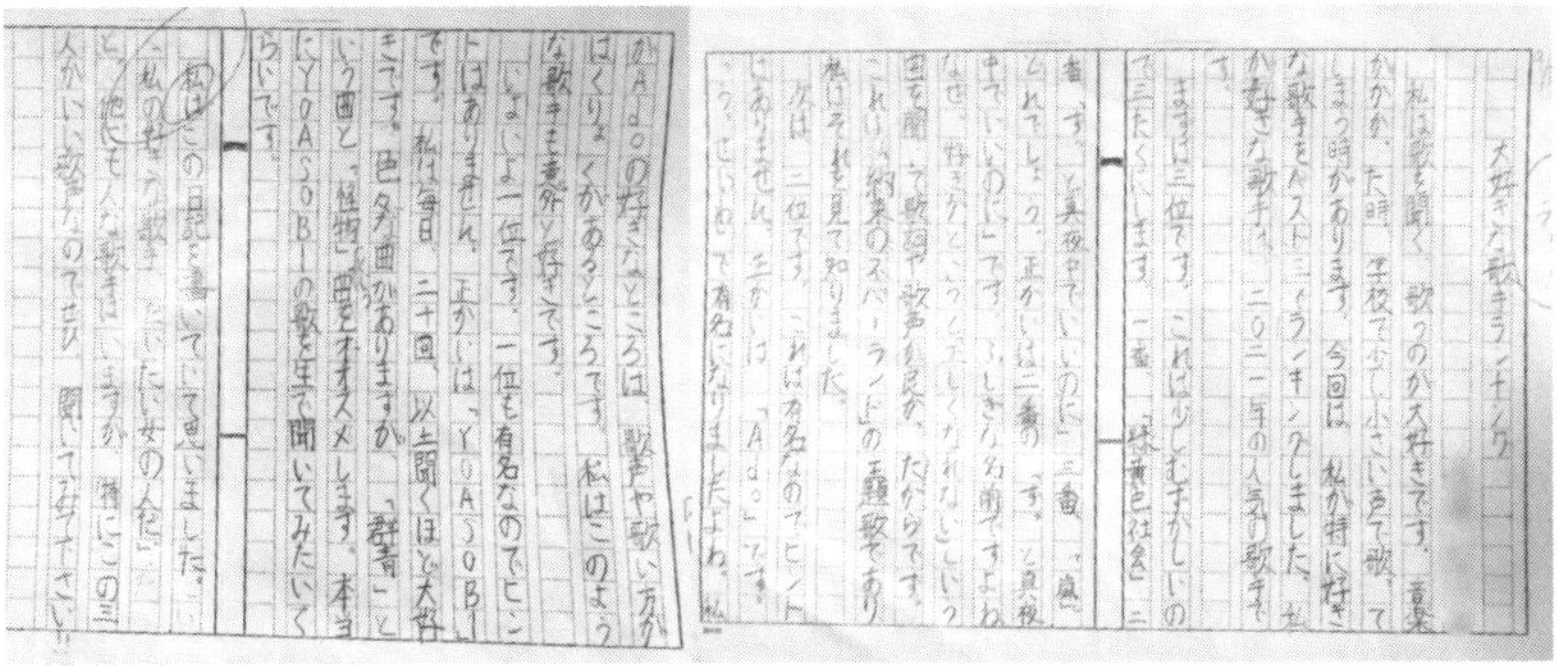

自分の好きな歌手について，その理由とともに紹介。
ベスト３形式はクラスで大流行。最後に考察も加えている。

(9) 教科書単元で様々な文章の種類を習得していく

最後に、教科書の「書くこと」単元に対する私の考えを述べておこうと思います。

結論から言うと、書くこと単元では、様々な文章の種類があることやその書き方を、子ども達に取り立てて指導していくべきものだと思います。

4年生では「手紙」「新聞」「考えを伝える文章」などを扱います。その中で、宛名の書き方、見出しのつけ方、引用や文献の示し方などを指導していくことになります。こうしたことを「取り立て」指導するのが教科書の「書くこと」単元です。もちろん、これらも立派な書く力の一部ではあります。ですから、書くこと指導に欠かせませんし、もちろん教科書単元はしっかり扱います。

しかし、書くこと指導の本丸は、これまで述べてきたような、書く量(意欲)や質を高めることです。逆に言うと、いくら文章の種類や書き方を指導したからといっても、子ども達の書く量や質も高まっていなくては、本当に書く力がついたとは言えないと私は考えています。

これまで見てきたように、書く量や質を高めていく指導は、一朝一夕で成り立つものではなく、日々の指導を積み重ねていくことで成り立ちます。そうした地道な指導に加えて、教科書単元で取り立てて文章の種類や書き方を指導していく、というイメージを持っておくとよいでしょう。教科書単元のみでもなく、普段の指導のみでもなく、両者を合わせて、総合的に子ども達の書く力を高めていくようにしましょう。

第3章

読むことの指導

4年生への「読むこと」指導において大切なことを二点述べます。

第一に、他学年同様、まずは**音読指導に力を入れる**ことです。音読は、読解力の基礎です。基本的には、音読をスラスラできない子には深い読み取りなどできません。音読は、読解力の基礎であると同時に、学力全体の基礎とも言えます。そのため、全員に保障していかなくてはいけない力なのです。

音読といえば低学年であり、中学年からは読解だろう、と思われる方もいらっしゃると思います。しかし、音読は低学年だけでなく全学年において重要な力であり、学力全体に影響を及ぼしているとも考えられています（髙橋麻衣子（2013）など）。

4年生にとっても音読指導の充実は必須です。それが、読解の基礎を固めることにもつながり、全員を同じ土俵に立たせることにもつながるからです。スラスラ音読もできないのに深い読み取りなどできようがありません。教室の外まで、子ども達の朗々とした読み声が響き渡るようなクラスにできれば、読むこと指導の一つめのステップは十分合格、と言っていいでしょう。

第二に、**文章の関係性を読めるように指導していく**ことです。

この「関係性を読める」とは、文章の中で重要な文を見つけることができたり、最初と最後での変化に気づくことができたりすることを、私なりの言葉で表したものです。

例えば一文を読むときに、その内容を把握して終わりではなく、「全体と部分」「抽象と具体」というように、文章全体の中の一部として読み取っていくことができる、というようなことです。簡単にいえば、「つなげて」読めるということです。学習指導要領においても、「読むこと　ア」では「考えとそれを支える理由や事例との関係など」を読み取ることが明記されています。「読むこと　エ」では

「登場人物の気持ちの変化や性格、情景」と示されています。「関係」や「変化」を読み取るには、文と文とを関係づけて読み取っていかなくてはいけません。つまり、「つなげて」読むということです。低学年のときのように、一文一文を丁寧に読むことも大切ですが、それに加えて、文同士をつなげて考えていけるように育てていきましょう。

また、4年生では書かれていることから書かれていないことを読むということにも挑戦していきたいところです。これは主に高学年で取り組むことですが、次年度を見越して、無理なく指導します。

1 音読指導

⑴ 音読はなぜ大切か

音読といえば低学年というイメージを持たれる方が多いかもしれませんが、音読は4年生にとっても非常に重要です。はじめから深い読み取りをさせようなどと思わず、とにかく子ども達全員を音読好きにし、家でもたくさん練習し、覚えるくらい読み込み、スラスラと読み上げられるように育てることを意識しましょう。

まずは、教師が音読が大切なのかということを明確に押さえておきましょう。

詳しくは、音読指導に特化した拙著『クラス全員のやる気が高まる！音読指導法』（明治図書、以下『音読指導法』）をご覧いただきたいのですが、結論からいうと音読の意義は次の通りです。

音読は「読むこと」の枠に収まりきらない非常に広く基礎的な力である。
読解力や国語科学力、全体的な学力とも相関があり、それらの基礎になっていると言える。

以下、その解説を加えます。
まず、音読について、平成29年告示学習指導要領解説では、次のように書かれています。(p.20)

指導に当たっては、〔思考力、判断力、表現力等〕の「C読むこと」だけでなく、〔知識及び技能〕の他の指導事項や〔思考力、判断力、表現力等〕の「A話すこと・聞くこと」、「B書くこと」の指導事項とも適切に関連付けて指導することが重要であるため、今回の改訂では、「知識及び技能」として整理し、ここに示している。

実は、音読は前回の学習指導要領では、「読むこと」の中に指導事項として位置づけられていました。このことも踏まえて私なりに考えると、平成29年告示学習指導要領解説では、音読は「読むこと」だけでなく他の指導事項や他領域とも関わり、より基礎的で広範囲な力として位置づけがされていると言えるでしょう。
次に、音読が読解力や学力全体とも大きく関わっていることについてです。

このことは、心理学の研究結果で明らかになっています。例えば髙橋（2013）では、読解能力の習得過程に欠かせないことを示唆しており、犬塚美輪（2012）でも同様のことが述べられています。また、荻布・川崎（2016）では、音読（スラスラ読み上げる力）と学力とは相関関係にあるということをデータから導き出しました。そして、学力が低い層の方がその傾向はより強いということも明らかにしました。「スラスラ読み上げる」という意味での音読する力は、学力全体と大きく関わり、学力が低い子達ほど、音読する力も低いことが分かったのです。

簡単にいえば、音読は読解力だけでなく他の学力とも相関する、非常に重要な力だということです。

さらに、4年生への指導、という観点でいえば、次のことも興味深いです。田中敏（1989）によれば、読み手の年齢や習熟度との関連から整理すると、年齢が低く読む力が未熟なほど、黙読よりも音読の方が理解を促進する傾向が強いことは明らかになっているようです。合わせて、高橋俊三（1988）によれば、小学校4年生ごろからは黙読の方が読むスピードが上回ると言われています。子ども達は、就学以前から言葉を耳から聞いて理解してきています。小学校に入ると、文字を学習し、それを読んで理解することになります。しかし、年齢が低ければ低いほど、黙読よりも声に出して読みそれを耳から聞ける音読の方が理解がしやすいのです。また、小学校4年生ごろまでは、黙読よりも音読の方が読むスピードも速いのです。これらを踏まえると、4年生では、3年生まで同様音読指導を重視しつつ、必要に応じて黙読の指導もしていくとよいでしょう。具体的には、音読するスピードをどんどん高めていきつつ、「超高速音読」→「微音読」→「黙読」と段階を追っていくようにします。（具体的活動は資料編をご覧ください。）

このように、音読指導は、読む力だけでなく、学力全体にも大きな影響を与える、と心して、とにかく全員が「スラスラ」読めるように指導する、ということを強く意識しましょう。

(2) 音読の三原則

『音読指導法』等でも示したように、子ども達に求める音読は次の三つを満たすものです。

・ハキハキ
・スラスラ
・正しく

この三つを「音読の三原則」と呼びます。

まず「ハキハキ」とは、ゴニョゴニョと不明瞭に小さい声で読むのではなく、一音一音をはっきりとしっかりした声で読むことです。音読の意義の一つが、声に出して読み上げることで、自分の声を自分で聞き、理解を確かめたり深めたりするということです。

ゴニョゴニョと不明瞭に小さな声で読んでいては、これらの効果が半減してしまいます。そのため、「ハキハキ」は非常に重要です。

他の二つの「スラスラ」「正しく」を先に意識させると子どもの声はやや不明瞭に、小さくなっていきがちです。ですから、まずは「ハキハキ」を意識させることが重要です。「ハキハキ」と読めたうえでの「スラスラ」であり、「正しく」です。

「ハキハキ」に関して一点注意が必要なのは、決して「大きな声」ではないということです。声の大きさは子どもによって違います。全員に求めるのは「大きな声」ではなく、「ハキハキ」と明確に発音するということなのです。

次に「スラスラ」とは、つっかえることなく流暢に読み上げることです。これは、既に述べてきたように音読指導の中心的なねらいとなる力です。「スラスラ読み上げる力」は読解力だけでなく学力全体にも相関するからです。しかし、あまり現場では意識して指導されていないように感じます。というのも、他クラスの音読を聞くと非常にゆっくり読ませている先生が多いからです。

一度子ども達に音読させて、一分間に何文字読めたか数えてみるとよいです。4年生では、しっかり指導すれば、一分間に三〇〇～四〇〇字くらいは全員読めるようになります。もし二〇〇～二五〇字くらいであれば、もう少し速く読ませた方がいいと思います。

子ども達に音読力を保障していく、と考えたとき、この「スラスラ」を全員に保障することだと捉えるとよいでしょう。ただし、これは先に述べたように「ハキハキ」があっての「スラスラ」だということを忘れてはいけません。いくら教師が「スラスラ」をより意識的に指導すべきだからといって、それだけを子ども達に指導していると、子どもはゴニョゴニョと不明瞭に読むようになります。とにかくスピードだけを追い求めてしまうからです。そうではなくて、「ハキハキ」と明確に発音しつつ、それをキープしたうえでの「スラスラ」だということを子ども達に意識させましょう。

最後に「正しく」とは、書いてある文章を間違えることなく音読することです。

いくら「ハキハキ」と「スラスラ」と読めても、読み間違えては意味がありません。一つ一つの言葉を正しく読むように、子ども達に指導していくべきです。正しく読むには、一つ一つの言葉を正しく認識する必要があります。漢字の読み方が分からなければ正しく音読しようがありません。また、多くのひらがなで書かれた文を読むときは、副詞や助詞なども知らなければ読み間違えてしまいます。「正しく」読み上げようとすることで、一つ一つの語句を正しく認識することにつながっていきます。語彙を増やすことが学習指導要領でも訴えられていますが、その一歩は語句を正しく認識し、読めることだと思います。

そういった意味で、音読指導は語彙指導の第一歩とも言えそうです。

「正しく」読むことは、語句を読み上げることだけで意識させるのではありません。私は「区切り」に関しても正しく読ませることを意識しています。区切りに関しては、特に読点を意識させています。何も指導せずに子ども達に音読させると、必ず思い思いの場所で区切るようになります。意図があって区切るのであればよいのですが、子ども達の様子を見ているとそうではなく、何となく区切っているのがほとんどです。そのように読ませていては、「正しく」とは言えません。子ども達も、一人一人が違うように読むので、何が「正しい」音読なのかが分からなくなっていきます。

句点はまだしも、読点には厳密なルールはありませんが、読点は著者や作者が打ったものですから、私は尊重すべきだと考えています。杉澤陽太郎（2000）でも同様のことが述べられています。ですから、句読点で句切るのを基本形として位置づけて読ませていくようにしています。その方がクラスの子ども達も分かりやすい基準ができ、子ども達は意欲的に取り組みます。自分がうまく読めたか、そうでなかったかが分かるようになるからです。

区切りに加え、高低も重要な「正しさ」の一つです。日本語は「強弱」の言語ではなく「高低」の言語であると言われます。「高低」を使い分けることで意味を使い分けているのです。例えば「はし」という言葉を「高・低」で読むと「箸」になりますが、「低・高」で読むと「橋（端）」になります。文単位でいえば、基本的に文頭が「高」で文末が「低」で読んでいくのが正しいと言えます。このように、「高低」を正しく読ませることも日本語の音読において非常に重要です。

(3) 音読指導で重要なのは「具体化」と「共有」

音読指導で難しいのが、「このように読んでほしい」という教師の理想はあっても、それが非常に抽象的かつ音声言語のため消えていってしまうということです。

そのため、子ども達に指導したことが根づきにくいのです。一度や二度伝えただけでは忘れてしまいます。だから、なかなか子ども達の音読が変わっていかないのです。子ども達の声や音読への姿勢が変わってこないから、教師も「まぁ他にたくさんやらなくてはいけないことがあるから、いいか」と半ば正当化してしまうのです。

音読指導で重要なのは「具体化」と「共有」です。

まずは、教師が「このように読んでほしい」という理想像を具体的にします。

ここで注意が必要なのは、あまりにも細かくしすぎない、ということです。だからこそ、私は音読の三原則は、「ハキハキ」「スラスラ」「正しく」だと子ども達に伝えるわけです。三つなら全員覚えることができます。

そして、さらに重要なのは、その三原則を子ども達の声で「具体化」していくことです。

例えば、年度はじめに「ハキハキ読みましょう。」と伝えて読ませても、クラスの半分もハキハキ読めればよい方で、多くはボソボソ小さな声で読みます。こんなときに、「すべてよし」と評価していては、「あぁ、あれくらいの声でいいんだ」と子どもは思ってしまいます。ボソボソと手を抜いた音読にはきっぱりと「ダメです。」と評価します。厳しく個別評価します。そうして「次の子、どうぞ。」とどんどん次に回してしまいます。クラス全体何周か読ませると、最後には最初とは見違えるほどしっかり声を出して読むようになっていきます。その声をもって、「ハキハキとはそれくらいしっかり声を張ることだよ。」と伝えるのです。子どもに読ませて、個別に評価をしていきながら、「これくらい声を張って読むことがハキハキ読むということなんだ」ということを体験的に学ばせていくのです。

つまり、個別評価をしつつ、子ども自身の声で音読の理想像を「具体化」していくということです。そうして一人一人の中で音読の理想像が「具体化」されていくと、それがクラスのスタンダードになっていきます。これが「共有」です。ここまでくれば、そうやって読むのが子ども達の中で当たり前になっていきます。例えば、句読点でのみ句切って読むのが「正しい」と「共有」されていれば、誰かが音読をしていて違うところで句切ったとき「今のところ、『点』ないよ！」という指摘が飛んでくるのが「当たり前」になります。「すべてよし」としているときとは、子ども達の音読への姿勢が違います。一回一回の音読に程よい緊張感が漂うようになります。

正しい音読、目指すべき音読を一人一人の中で「具体化」し、それをクラス全体で「共有」していくことで、子ども達の音読に対する姿勢や声は大きく変化していくのです。

(4) 教師が一人一人の音読を聞き評価すること、個別指導をすること

音読指導は、教師が子ども達一人一人の音読を聞くところから始まります。一人一人の音読を聞いて、初めてその子の音読する力が分かるからです。一人一人の音読を聞いたうえで、個別に評価をしていくことが、子ども達の音読力を伸ばしていくうえでこの上なく重要です。一斉に音読させてそれを聞いて「声が出てきたね。」などと評価しても一人一人の音読力を上げることにはつながりません。むしろ、ほとんど読めていないのにクラス全体に埋もれていって、発見されるのが遅れるかもしれません。子ども達一人一人の音読力を保障するには、個別評価、個別指導が命なのです。

しかし、現在の学校現場ではそれが疎かにされています。現在の音読指導は、音読カードを渡して、家で宿題として読ませ、学校での「読むこと」の授業では数名が読んで終わり、というのが実情だと思います。音読カードを渡して宿題任せでは、読解力や学力全体にも影響を及ぼす音読の力を、全員に保障することなどできません。家庭の教育力任せになってしまいます。現在、学校で子ども達の一人一人に音読の指導はほとんどされていません。「読むこと」の授業ではせいぜい数名が音読して、すぐに読解に入ってしまいます。もしかしたら、○読みで全員に読ませることもあるかもしれませんが、一文だけでは子どものことを掴みきれないこともあります。

このような、子ども達がスラスラ音読することすらできるかどうか分からない状況のまま読解の授業など行っても、元々学習の得意な子だけが活躍するのは当たり前のことです。

話すこと・聞くこと
書くこと
読むこと
ことば［知識・技能］

逆に、一人一人の音読をきちんと聞き、個別評価、個別指導をして全員が音読をスラスラできるようになったうえで読解の授業を行うと、出てくる意見も自然と深く、そして多くの子から出されます。とにかく個別評価と個別指導を徹底していきましょう。具体的活動等は資料編に示します。さらに音読指導について詳しく知りたい方は拙著『音読指導法』をご覧ください。

2 文学的文章の指導
―叙述をもとにしながら「つなげて」読む―

4年生の文学の授業において最も大切なことは、他学年同様「文学を楽しむこと」です。これは、比較的達成が容易です。なぜなら元来文学には面白さがあるからです。子ども達は元々文学（物語）が好きです。例えば4年生の教材「白いぼうし」など、読み聞かせただけでニコニコした表情で楽しみます。文学指導の根本は、「文学を楽しむこと」にあります。ただし、注意点が二つあります。

一つは、叙述をもとにするということです。これは、どの学年でも重要なことです。

文学を楽しむには、一人一人が想像を広げたり、一人一人がどう読んだかを語り合ったりすることになります。その際重要なことは叙述をもとにする、ということです。これが欠けると、子ども達は空想を語り合うことになります。それでは「言葉の力」はつきません。

読むことの授業ですから、書かれている言葉を拠り所として、そこから考えられることを共有していかなくてはいけません。想像させたり、自分の考えを話させたりする際も、必ず叙述をもとにする、ということを子どもが持てるような指導を繰り返していく必要があります。叙述をもとにする、ということを外さずに、そのうえで子ども達が思いきり文学を楽しめるような指導をしていきましょう。

二つめは、先述のように、「関係性」を読む、「つなげて」読むということです。これは、中学年から大切にしていきたいことです。

場面ごとに登場人物の心情を読み取るだけでなく、それらをつなげていくことで、人物の変化や成長を読み取ることができます。中心人物の変化や成長は、そっくりそのまま物語全体を貫くテーマになっていたり、深く関わっていたりすることが多いので、それらを読み取れるということは、物語の全体像を読み取れるということになるのです。

例えば「プラタナスの木」でいえば、最初の場面でほとんどプラタナスの木に興味がなかったマーちんが、最後の場面では切られてしまった切り株に立ち、枝葉の代わりになろうとするくらい変化します。その場面その場面でマーちんの心情を読み取るだけでなく、その一つ一つの読みをつなげて、物語全体を通してのマーちんの変化を読み取ることで、物語の全体像を掴むことができ、それがやがて高学年で物語のテーマ（主題）を読み取ることにつながるのです。

こうした「つながり」を読むことは、文学を読むうえで非常に重要な読み方とされています。先述のように学習指導要領でももちろん言及されていますし、井上尚美（2005）等でも「関係認識」の力として、文学的文章読解力の中枢に位置づけられています。

文学を読むとは、叙述と叙述との関係性を見出し、自分なりの文脈をつくりあげることとも言えます。そうした、自分なりの読みができるか否かは中学年での指導にかかっているといっても過言ではないでしょう。関係性を読めるように指導していくことを念頭に置くようにしましょう。

①「白いぼうし」の指導

○単元の流れ　（　）内は主な発問

①学習の見通しを持つ。全文を読み、あらすじを書き交流する。
②③様々な方法で音読練習をする。
④「物語の設定」という言葉を確かめる。人・時・場所を確認する。
⑤問いを出し合う。（友達と話し合ってみたいことは何かな。）
⑥問いについて話し合う。
⑦学習のまとめを書く。

○単元のねらい

・スラスラと、内容の大体や文章の構成を考えながら音読することができる。
・登場人物の心情を、叙述をもとにしながら捉えることができる。
・物語の設定という言葉、及びその重要性を理解することができる。

○第一時　全文を読み、あらすじを書き交流する

第一時で重要なことは、一人一人の読みを把握したり、それぞれの読みのズレを子ども達と共有したりすることです。それが、今後の学習の見通しともなっていき、教師もどのように授業をつくっていけば子ども達の実態に合ったものができるか、と考えることができるからです。

物語の授業の第一時、つまり初めての通読の際には、「初発の感想」を書かせることが多いです。もちろんそれもいいとは思いますが、思いのほか初発の感想をその後の授業に生かせている授業を見ることは少ないものです。

私が考えるには、初発の感想だと一人一人が書くことが長すぎて、それらのズレなども焦点化されにくく、教師も扱いにくいのではないかと考えています。そこで、私は初発の感想ではなく、「初発のあらすじ」を書かせることが多いです。（これは、東京国語教育探究の会代表石丸憲一先生のお考えを参考にしています。）

あらすじを書くというのは、物語の大体を一言で表現するということであり、これは低学年の指導事項でもあります。4年生ですから、それを初読で行うというのはスパイラルになっている国語科の構造上も、理にかなっていると言えます。あらすじには、一人一人の読みや考えが凝縮されます。初発のあらすじを「○○が××して△△になったお話」とある程度のフォーマットで書かせ、それを交流すると一人一人の読みの到達度や違いが如実に表れます。しかも、子ども達にとってもお互いの読みの違いが分かりやすく、今後解決したい問題意識も焦点化されやすいのです。

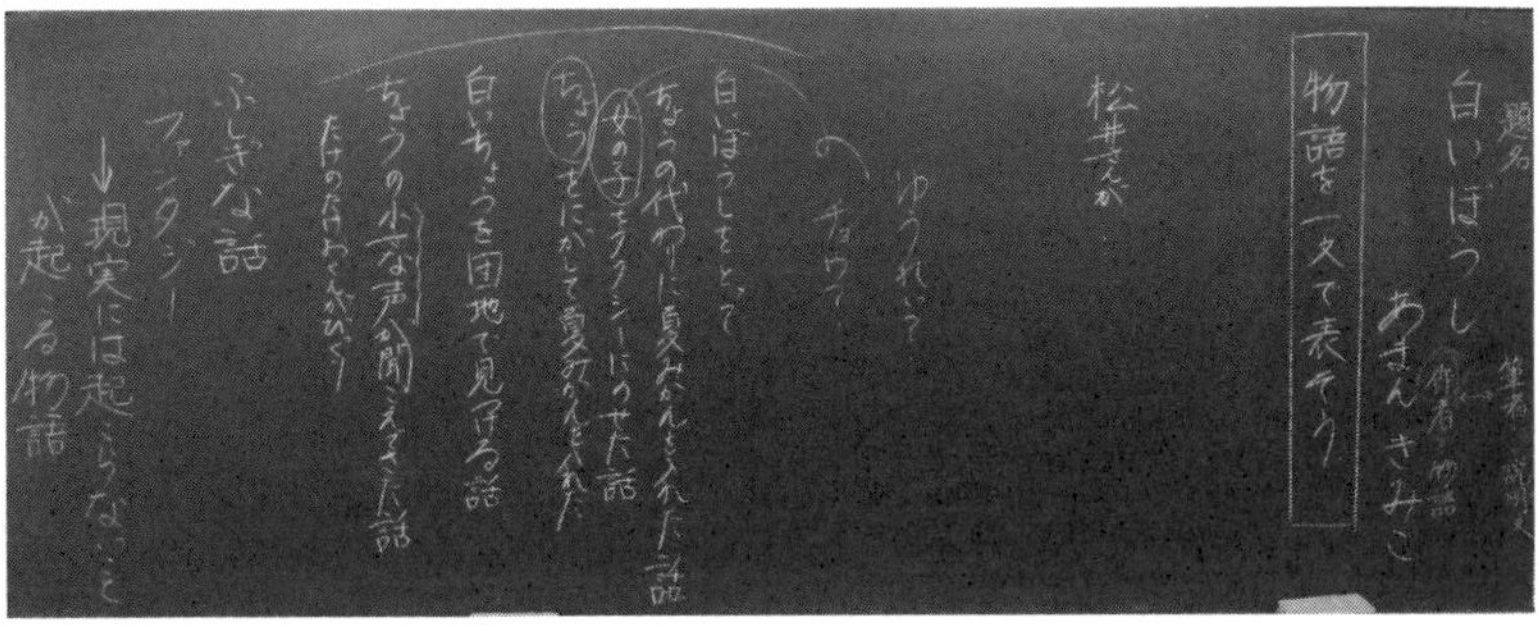

「白いぼうし」では、やはり女の子の正体は何か、ということがあらすじを交流していくと焦点化されていきます。また、「不思議な話」だという意見も多く出されるので、「ファンタジー」という言葉を指導し、その世界を楽しむことがファンタジーを読むうえで重要だということもここで指導するとよいです。子ども達の中には、ファンタジーを現実的な目で読もうとする子がいます。そうではなくて、ファンタジーという言葉を教え、ファンタジーはファンタジーとして楽しむことが重要だと教えてあげることで、物語を読む姿勢が変わります。

○第二・三時　音読練習をする

4年生初の物語単元なので、しっかりと音読指導をしましょう。ここでの指導が、今後一年間の子ども達の音読への取り組みを左右するといっても過言ではありません。

三原則をしっかり指導し、子ども達の声を引き出しながら共有していきます。そのうえで、この時間だけでなく継続的に個別評価していくようにします。そうすると、子ども達の学校での音読への取り組みだけでなく、家での取り組みも保護者が驚くほど大きく変わっていきます。

○第四時　物語の設定を確認する

私は、物語の設定を読み取り全体で確認する時間を必ずとります。それだけ物語の設定は重要であり、ここを読み間違えていると、物語全体の読みが変わってしまうからです。

基本的に1年生から「物語の設定」という言葉、そしてそれが物語の「人・時・場」だということを指導していきます。しかし、4年生で担任を引き継いだ際、それを知らない子どもが多くいる場合があります。そういう場合は、一から指導していくようにします。

以降の物語単元でも、設定は確実に扱っていきますので、子ども達に、「物語の設定って何だったっけ?」と尋ねたら、サッと多くの手が挙がったり、「人・時・場!」と返事が返ってきたりするように、しっかり定着させていきましょう。

「白いぼうし」では、「登場人物」や「中心人物」といった基本的な用語も、定義と一緒に確認していきます。そうすることで、子ども達の基礎を固め、全員を同じ土俵にあげていくことができます。

こういう一見地味な指導が、今後の深い読み取りには必要なのです。

○第五時　問いを出し合う

この「白いぼうし」は、自然と問いを持ちやすい作品なので、子ども達から問いを出させるのに適した教材です。教師からの発問で子ども達を夢中にさせるのもいいですが、その問いが子ども達から出てくるとなおよいのです。それは、問いを持つこと自体が自分なりの読みをつくるうえで欠かせないことであり、ひいては学習や研究に欠かせ

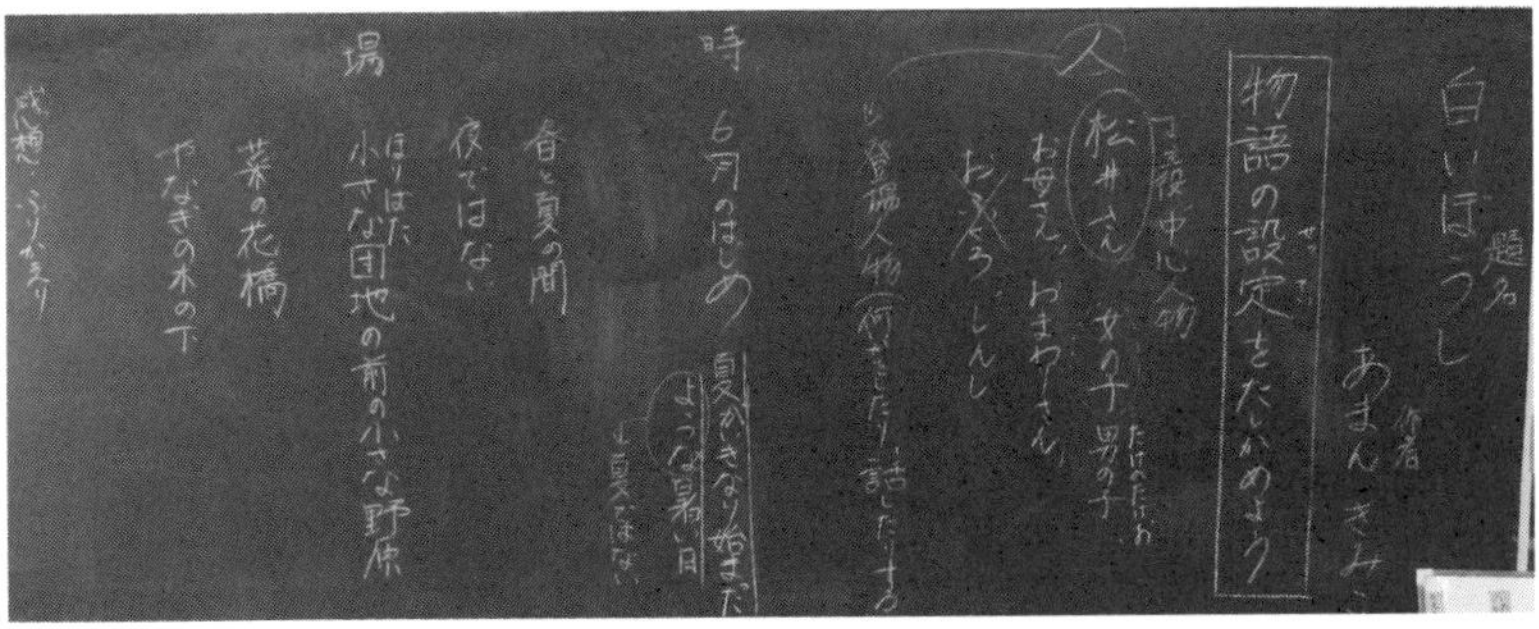

ないことだからです。学習指導要領で求められる「主体的・対話的で深い学び」の実現にも大きく関わっていると思います。

問いを持てるように育てていくことは非常に重要ですが、なかなか難しいものです。そのため、少し工夫が必要です。三点述べます。

一つは、「白いぼうし」のように、子どもが自然と問いを持てるような教材の特性を生かすことです。子ども達は、「女の子の正体は何だったのか」とか「どこに行ってしまったのか」と自然と問いを持つことができます。この特性を生かし、子ども達から問いを引き出し、それをみんなで話し合うことで、子ども達に問いを持つことやそれを友達と話し合うことの楽しさを味わわせていくことができます。

いま一つは、初読ではなく、ある程度全体で読み取りを進めてから問いを出させることです。何も、初読の段階で物語の核心をつくような問いを持てるようにしなくてはいけないわけではないのです。学習指導要領で示された学習過程でいえば、「構造と内容の把握」を全体で終えるころに問いを出させるのがちょうどよいと私は考えています。そうすると、浅い問いや読み違いによる問いが出にくく、物語の中で重要なところをついた問いが出てきやすくなります。また、全体で「構造と内容の把握」をしている過程で、自然と「そういえばなんでだろう」という問いが出てくることもあり、「じゃあ今後はそれを話し合ってみようか」とつなげていくと子ども達の思考もぶつ切りにならず、自然な展開にすることができます。

最後に、問いの出させ方についてです。子ども達一人一人から出させていくと広がりすぎて扱いきれなくなることがあります。そのため、班やペアで絞り込みをかけさせるとよいでしょう。班やペアで、一人一つずつ問いを出していき、それについて他のメンバーが意見を言うようにするのです。意見を言う観点は、「みんなで話し合って解決する問いなのか」と「その問いなら答えが分かる」という二つです。前者は、叙述や文脈から考えることができるのか、はたまたみんなで話し合うに値する問いなのかということです。例えば「松井さんのおふくろは何歳か」「男の子のお母さんは何の料理をしていたのか」などという問いは、みんなで話し合っても解決しませんし、話し合うに値する問いとは思えません。そういうものは、なるべく班やペアで淘汰されていく必要があります。指摘し合うことで、子ども達は逆に「よい問い」というものを感覚的に掴めていきます。また、後者は浅い問いを班やペアで淘汰するための観点です。「松井さんはなぜ白いぼうしの中に夏みかんを入れたのか」などという問いは、よく読めば分かる問いです。こういう問いについて「これはね……」と班やペアで説明し合うようにすれば、読み違いや読み落としをしている子に対して改めて確認することができます。これをクラス全体で一つ一つ扱って、説明していては時間がいくらあっても足りません。子ども達同士で説明させれば、説明する力もつくし、同時並行でいろいろな問いが説明されていき、効率もいいのです。こうした過程を経て、班やペアから「クラス全体で話し合いたい問い」として出された問いは、私の経験上、かなりよいものであることがほとんどです。

○第六時　問いについて話し合う

ここではやはり王道の「女の子の正体は何なのか」でした。

この問いについて話し合う際のポイントは二つです。

一つは、絶対的な正解はないということを確認しておくことです。話し合いの前に、「この問いは、たった一つの答えがある問いかな。」と子ども達に尋ね、「いや、書かれていないので、たった一つの正解はないと思う。」と返ってきて、「そうだね、みんながどう読みたいか、それはなぜかということが大切ですね。」というやり取りをしておきました。

いま一つは、絶対的な正解はないとしたうえで、叙述や文脈に基づいて考えることです。「正解はないといっても、じゃあ何でもいいのかな。それでみんなは納得してくれるかな。」と尋ねると、「いや、絶対そんなことはない。」と返ってきました。そこで、「そうだよね。じゃあ、納得してもらうには、どこから考えればいいかな。」と聞くと「文章に書かれていることから意見を言わないと納得できないと思う。」と子ども達は言っていました。その後、「『○○だと思います。なぜなら○ページに～～と書いてあって、これは～～だからです。』とノートに書けるとよいね。」と指導しました。つまり、根拠を文章から拾わせ、それに対する理由づけをきちんと考えさせるということです。

このように、事前指導をしっかりしておくと、どのような問いについて話し合っても実りのある、言葉を吟味し言葉の力のつく授業にするこ

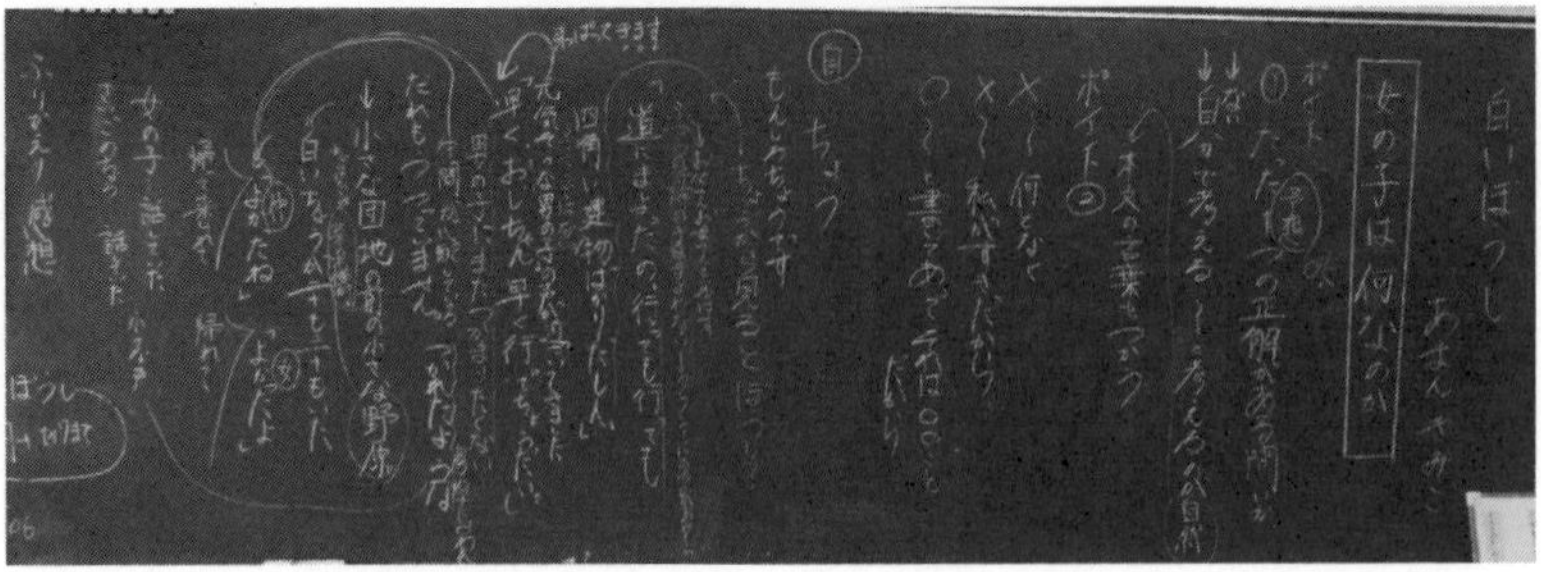

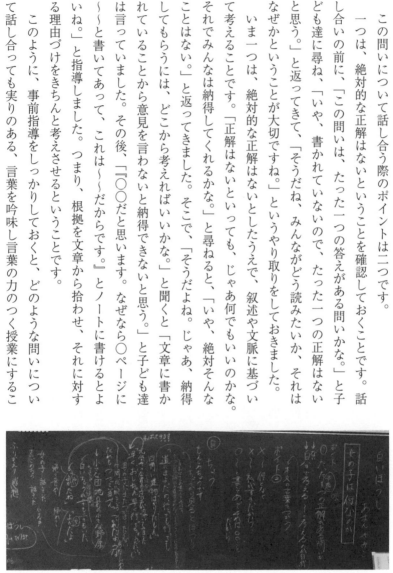

とができます。

○第七時　学習のまとめを書く

最後の学習のまとめは、みんなで話し合った問いに対する自分の考えを再度まとめさせるとよいでしょう。話し合いを経てから、再度書かせることで、友達の考えも取り入れてさらによくなることが期待されます。または、全体では取り上げなかったけれど自分が考えたかった問いについて書かせてもよいと思います。

ここでも、根拠と理由をきちんと示すことを再度指導します。特に、「○○と書いてあるからです」などと根拠と理由は混合しがちなので、しっかり押さえておきたいところです。理由づけを説明できるようになると、書く文章や発言が緻密で長くなっていきます。「○○と書いてあって、これは～」と誰にでも伝わるように理由づけをする癖をつけていきましょう。

②「一つの花」の指導

○単元の流れ　（　）内は主な発問

①全文を読み、あらすじを交流する。学習の見通しを持つ。音読練習をする。
②物語の設定を確かめる。問いを出し合う。（設定って何だったか覚えているかな。）
③1場面を読み、ゆみ子とお母さんについて読み取る。（ゆみ子とお母さんの違いは？）
④2場面を読み、お父さんやお母さんのゆみ子への思いを読み取る。（お父さんはどういう思いで

ゆみ子を高い高いしているのか。)
⑤3場面を読み、お父さんやお母さんの思いを読み取る。(なぜお父さんは一つの花を見つめながら行ったのか。)
⑥4場面を読み、4場面のある意味を考える。(4場面はなぜ必要なのか。)
⑦学習のまとめを書く。

○単元のねらい

・スラスラと、内容の大体や文章の構成を考えながら音読することができる。
・登場人物の気持ちの変化や性格、情景について、場面の移り変わりと結び付けて具体的に想像することができる。

○第一時　通読、あらすじの交流

初読は、あらすじを書かせ交流することから始めます。

ここで、端末を使用すると効率的に一人一人のあらすじを交流することができます。ノートに書かせて発表させていたときは、板書で教師が整理していき、読みの共通点や相違点、これから考えていきたいことを見出していきました。しかし、写真のように一人一人の書いたあらすじを見ることができれば、子ども達にはもう一歩先までさせることができ

ます。つまり、あらすじを書かせ表現させるだけでなく、「みんなが書いたあらすじを見て気づいたこと」をノートに書かせることまでできるのです。

「一つの花」では、「ゆみ子目線で書いている人とお父さん目線で書いている人がいた」（「一つの花」は子ども達がこれまで読んできた物語と違い三人称客観視点で書かれています）とか「4場面について書いている人が少なかった」（初読時には4場面の意義が掴みにくい）など、友達の書いたあらすじを読むことでこの作品の特性に気づいている子がいました。こうした「気づき」はやがて「問い」へとつながっていきます。

このように、端末を活用すると、意見の交流を効率化することができるので、うまく活用できればいつもの授業よりも「一歩先」まで子ども達自身に考えさせることができます。

○第二時　物語の設定を確認し、問いを出し合う

ここでも定番の設定の読み取りを行います。

物語の設定という言葉、概念、重要性について再度確認、指導をしていきましょう。人物や時、場所をノートに書かせていくとき、「重要だと思う順に書きましょう。」と指示すると、この時間での読みが一段と知的になります。

人物では中心人物や対象人物を自然と考えることができます。また、時や場所でも、子ども達は自然と物語の山場を意識して、そこに関連する時や場所を最初の方にノートに書きます。「一つの花」では、「お父さんが戦争に行く日」や「プラットホームのはし」などという言葉に注目する子が多く

出てきます。このあたりをきちんと押さえておくことは、今後の読みの深まりに大きく関わります。

その後、時間があれば、問いを出し合っておきましょう。「一つの花」はなかなか問いを持つことが難しく、子ども達の問いだけで授業を進めるのは難しいかもしれませんが、先述のように問いを持つ力は非常に重要ですし、その機会をつくり続けることは重要です。

○第三時　１場面を読み、ゆみ子とお母さんについて読み取る

ここでは、ゆみ子とお母さんを対比させていくとよいでしょう。ちょうど説明文「アップとルーズで伝える」で対比について学習した後なので、子ども達もスムーズに考えることができます。

ゆみ子とお母さんを対比させていくことで、ゆみ子の幼さやお母さんの子を思う心が際立ち、戦争の悲惨さが強調されていきます。

なお、場面ごとに読んでいくことを否定する方もいますが、私はこの「一つの花」は子どもにとって少し難しい作品でもあることから、教師と一緒に、一場面ごとに読み取っていくことを選択しました。その方が、無理がないと判断したからです。「場面読みはしない」というのは、あくまでも手段であり、目的ではありません。

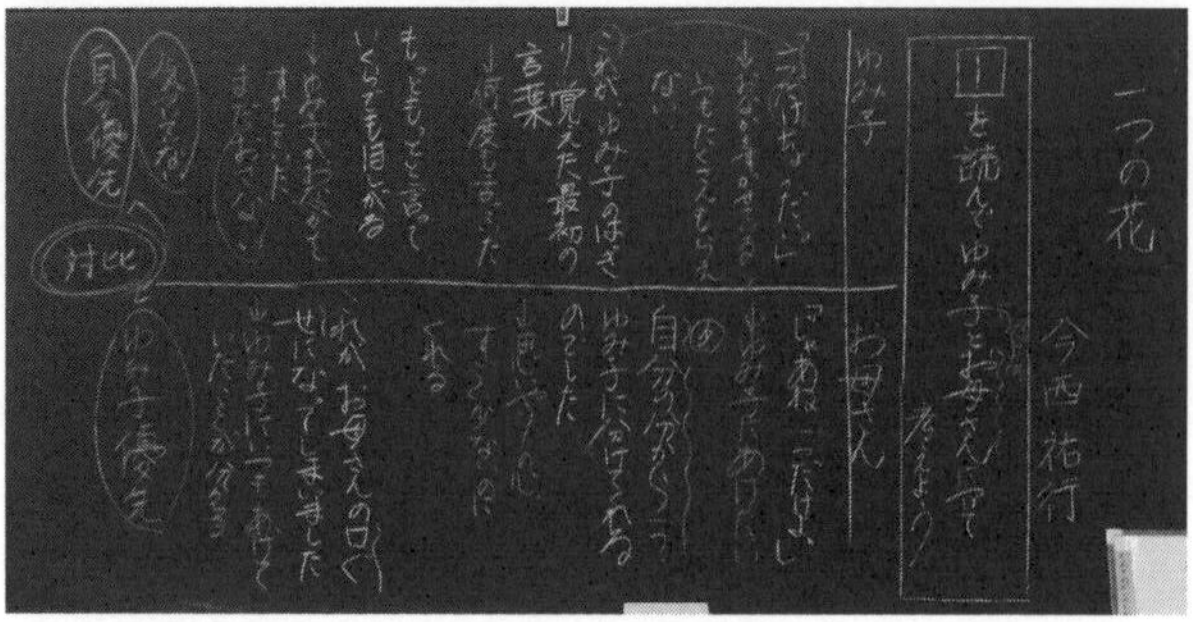

○第四時　２場面を読み、お父さんやお母さんのゆみ子への思いを読み取る

２場面ではお父さんとお母さんのゆみ子への思いについて考えます。先述のようにこの作品は三人称客観視点です。ですので、私は多くの人物の思いを考えていくべきだと考えています。（これが、限定視点であれば、基本的には視点人物以外の人物の心情は書かれていないので、子ども達に問うと危険です。空想を話し合うことになりかねません。）

さて、授業ははじめ「お父さんやお母さんのゆみ子への思いが分かる表現をノートに書き出そう。」と指示し進めていきます。そうして、思いが分かる表現とそこからどんな思いがなぜ分かるのかを出させていくのが最もスタンダードだと考えます。

最後に「めちゃくちゃに高い高い」をするお父さんの思いを焦点化してクラス全体で考えていきます。ここは比較的子ども達からも「問い」として出されやすいところなので、「○○さんが問いとしてノートに書いていたのだけれど、○○さん、読んでくれる？」と意図的に指名するとスムーズでしょう。

現に、私のクラスでも第二時で設定を確認し終えた後ノートに問いを書かせたところ、多くの子が「なぜめちゃくちゃに高い高いをするのだ

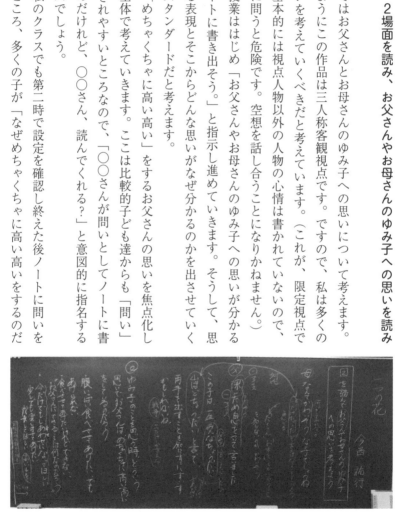

ろう」と書いていました。このように叙述に引っ掛かり、問いを持てれば、それは半分以上読めているようなものです。些細な言葉に敏感に反応できるように育てていくことが大切です。

○第五時　3場面を読み、お父さんやお母さんの思いを読み取る

3場面でもお父さんとお母さんの思いを読み取ります。授業冒頭で、なぜお父さんとお母さんの思いを読み取るのかを尋ね、確認しておくのも大切なことだと思います。ゆみ子が幼くて、あまり分かっていないからです。こういうことを押さえておくことも、教師から言われたことをただやるのではなく、主体的な子どもに育てるうえで重要です。

ここでは、主に三つの発問を中心に進めました。「お父さんとお母さん、どちらが悲しいと思うか。」「お父さんはなぜ一つの花を見つめながら行ったのか。」「お父さんが一つの花に込めた思いは？」の三つです。

この場面はかなり難しいので、はじめの発問は二択にしました。そうすることで全員がきちんと参加できるような状況をつくりたかったのです。その作戦は功を奏し、話し合いは盛り上がりつつお父さんとお母さんの思いへと迫ることができました。

そして二つめの発問「お父さんはなぜ一つの花を見つめながら行ったのか。」は、これも第二時に子ども達から出てきたものでした。ここでは、

一つの花の状況とお父さん達の状況を重ねていくと、お父さんが一輪の花に何らかの思いを込めた、ということに迫ることができます。また、「コスモスは一つだけ咲いていたのか。」ということを補助発問すると、「調べたんだけど、コスモスは群生といってたくさん咲くものだそうです。だから、たくさん咲いていたのにあえて一輪だけ持ってきたのではないかな。」と気づく子がいます。「一つ」ということに意味を込めたお父さんの思いを考えさせて本時は終了です。

○第六時　４場面を読み、四場面のある意味を考える

４場面を扱う際には、第一時であらすじを交流した際、子ども達も気づいていたように「４場面をあらすじに入れる子が少ない」ということを想起させ、「なぜ４場面があるのか、その意味は何だろう」と考えさせていくとスムーズでしょう。

子ども達からいろいろと意見が出されていくと、「戦争が終わって平和になった、そのよさがよく分かる。」という意見が出てきます。その意見を皮切りに、「４場面で、戦争が終わってこれまでの場面と大きく違うところを探してみよう。」と投げかけると、子ども達は自然とこれまでの場面と対比し始めます。

それらをプラスとマイナスで黒板に整理していくと、子ども達は「平和

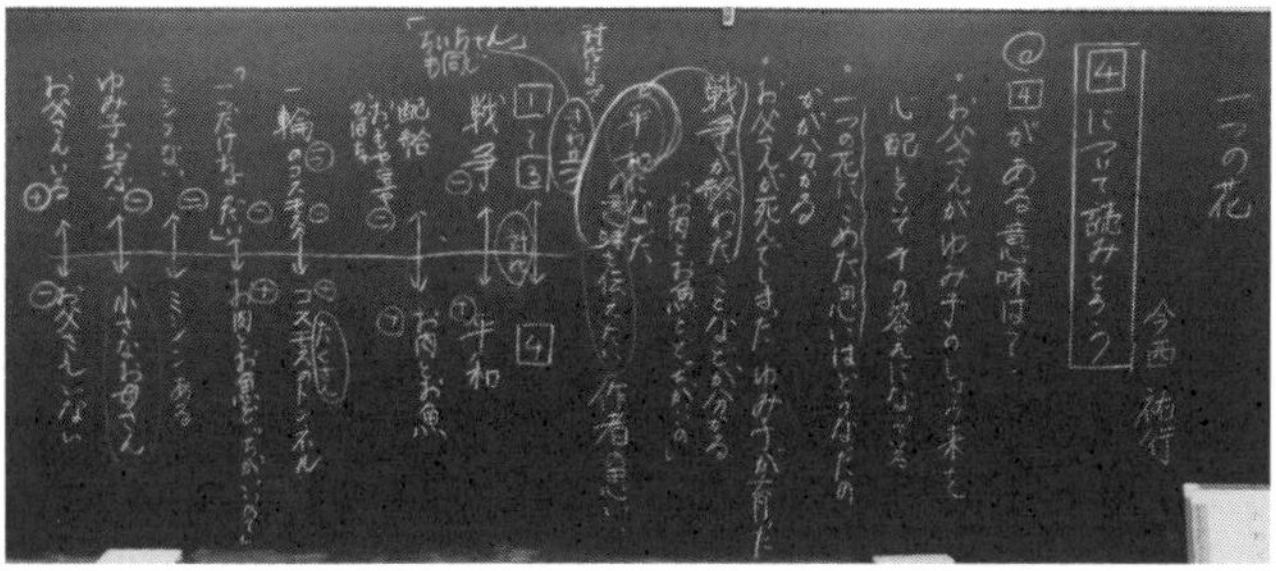

な4場面があることで、それまでの場面のマイナスがきわ立つ。」と4場面の意義に気づきます。そのうえで、最後に発言した子が、「でも、4場面には一つだけマイナスがあります。お父さんがいないことです。どんなに食べ物とか暮らしはよくなっても、お父さんだけは帰ってきていない。」と言いました。クラスは「たしかに……」と静まり返りました。

○第七時　学習のまとめを書く

この「一つの花」は正直なかなか難しい作品です。視点も今まで子ども達が読んできたものとは違います。一人で読んでいてもなかなか読み取れない子も多いでしょう。ですので、なるべく子ども達に問いを出させていきつつも、教師と一緒に読み進めるという形をとる時間が多くなりました。

それでも、それがダメというわけではありません。重要なのは、問いが教師から出されるにせよ子どもから出されるにせよ、子どもが真剣に考え、それまで一人で読んでいるときには読めていなかったことが読めた、ということです。

学習のまとめは、授業で詳しく読み友達と話し合って考えが変わったことを中心に書かせます。少し難しい「一つの花」にはピッタリの課題だと思います。ここで、最初に読んだときよりも自

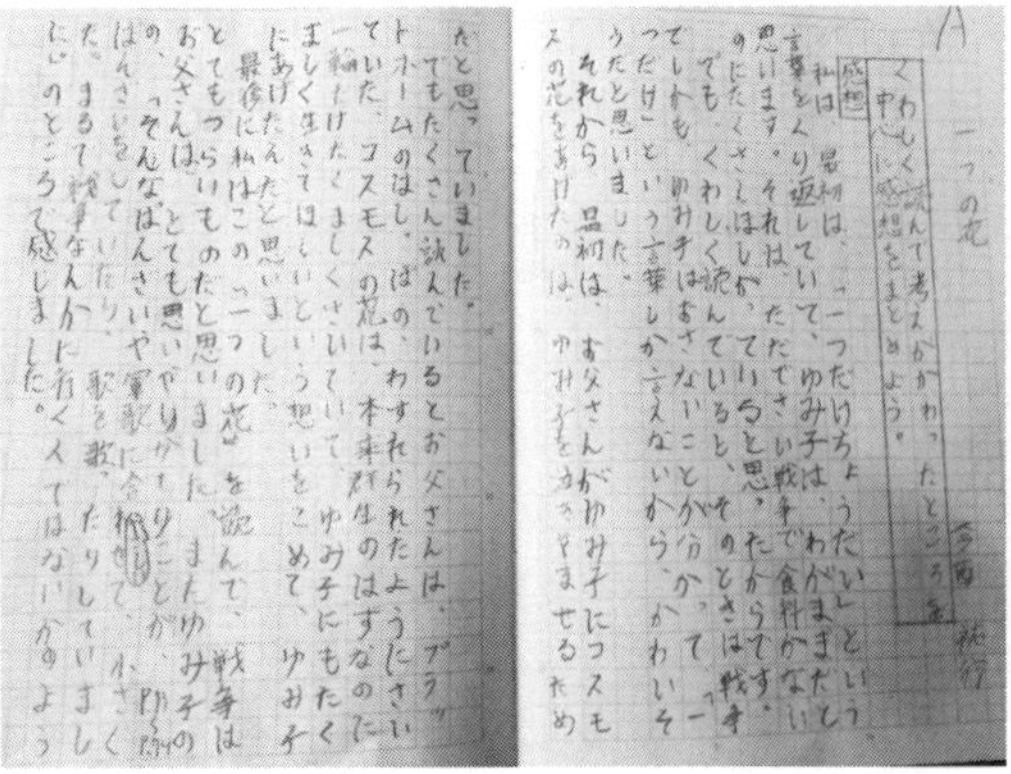
一つの花
今西祐行
くわしく読んで考えがかわったところを中心に感想をまとめよう。
感想
私は、最初は、「一つだけちょうだい」という言葉をくり返していて、ゆみ子は、わがままだと思います。それは、ただでさい戦争で食料がないのにたくさんほしがっているから、と思ったからです。でも、くわしく読んでいると、そのときは戦争でしかも、ゆみ子はまだ小さいことが分かって「一つだけ」という言葉しか言えないから、かわいそうだと思いました。
それから、最初は、お父さんがゆみ子にコスモスの花をあげたのは、ゆみ子を泣きやませるためだと思っていました。でもたくさん読んでいるとお父さんは、プラットホームのはしっぽの、わすれられたようにさいていた、コスモスの花は、本来野生のはずなのに一輪だけたくましくさいていて、ゆみ子にもたくましく生きてほしいという想いをこめて、ゆみ子にあげたんだと思いました。
最後に私はこの「一つの花」を読んで、戦争はとてもつらいものだと思いました。またゆみ子のお父さんはとても思いやりがあることが、「そんなばんざいや軍歌に合わせて、小さくばんざいをしていたり、歌を歌ったりしていました。まるで戦争なんかに行く人ではないかのようにこころのところで感じました。

分の成長を感じられていれば、授業は成功と言えるでしょう。

③「ごんぎつね」の指導

○単元の流れ　（　）内は主な発問

①学習の見通しを持つ。全文を読み、あらすじを書き交流する。
②様々な方法で音読練習をする。
③「物語の設定」を確かめる。（設定を確かめよう。）
④場面ごとに見出しをつけることで物語の大体を押さえる。（どんな見出しをつけられるかな。）
⑤ごんと兵十の心情の変化を比べながら読み取る。（ごんはどう変わった？　兵十は？）
⑥自分の追究したい問いを出し合い、班で絞り込む。（問いを出し合おう。）（班で絞ろう。）
⑦⑧⑨自分の追究したい問いを選び、グループごとにスライドにまとめ発表する。
⑩⑪⑫感想文を書き、読み合う。

○単元のねらい

・スラスラと、内容の大体や文章の構成を考えながら音読することができる。
・登場人物の気持ちの変化や性格、情景について、場面の移り変わりと結び付けて具体的に想像することができる。
・文章を読んで感じたことや考えたことを共有し、一人一人の感じ方などに違いがあることに気づくことができる。

○第一時　学習の見通しを持つとともに、全文を読み、あらすじを書き交流する

ここでも、初読からあらすじを書き、交流します。「一つの花」で、端末で友達が書いたあらすじを見て気づいたことまでノートに書けるように指導できていれば、ここでもスムーズに行うことができます。

子ども達は、友達の書いたあらすじを読んで気づいたこととして、「多くの人が、最後にごんがうたれるところを書いていた。」とか「最後の場面に注目している人が多かった。」などと書いており、物語の山場へと自然と目を向けていました。「ごん目線の人と兵十目線の人がいた。」と、視点の転換に対して意識している子もいました。

○第二時　音読練習をする

これまでの単元同様、しっかりと音読指導を行います。時間をとるのが難しい場合は、隙間時間などを利用したり、モジュールの時間を使ったりしましょう。読解の基盤をつくります。

○第三時　物語の設定を確かめる

ここでも、物語の設定を確かめる時間をとります。もうこのころには、子ども達もすっかり慣れてきています。

少しハードルを上げるために、「重要だと思う順に書き出してみましょう。」と指示してみるとよいです。すると、子ども達は登場人物を「ごん、兵十、加助……」と、物語で重要な役割を果たした人物は誰か、と自然と考えることができます。何人かに言わせて、この順番にズレが出たら自然と議論が発生します。おススメですのでぜひやってみてください。

また、「人物は、名前を書き出すだけでなく人物像も書いてみましょう。」と指示するのもよいです。叙述から、どんな人物像だということが分かるか、ということは3年生で学習しています。ここで再度扱っておくことは習熟にも、物語の理解を深めることにも繋がります。

この時間には、「ごんが子ぎつねではなく小ぎつねであること」、「ごんと兵十に共通点があること」などを押さえておきたいところです。今後の読み取りに響いてくるからです。

○第四時　場面に見出しをつけ、物語の大体を押さえる

「ごんぎつね」は、子ども達がこれまで読んできた物語と比べても、それなりに長い作品です。

そのため、ある程度は、全体で「確認する」時間は必要になります。

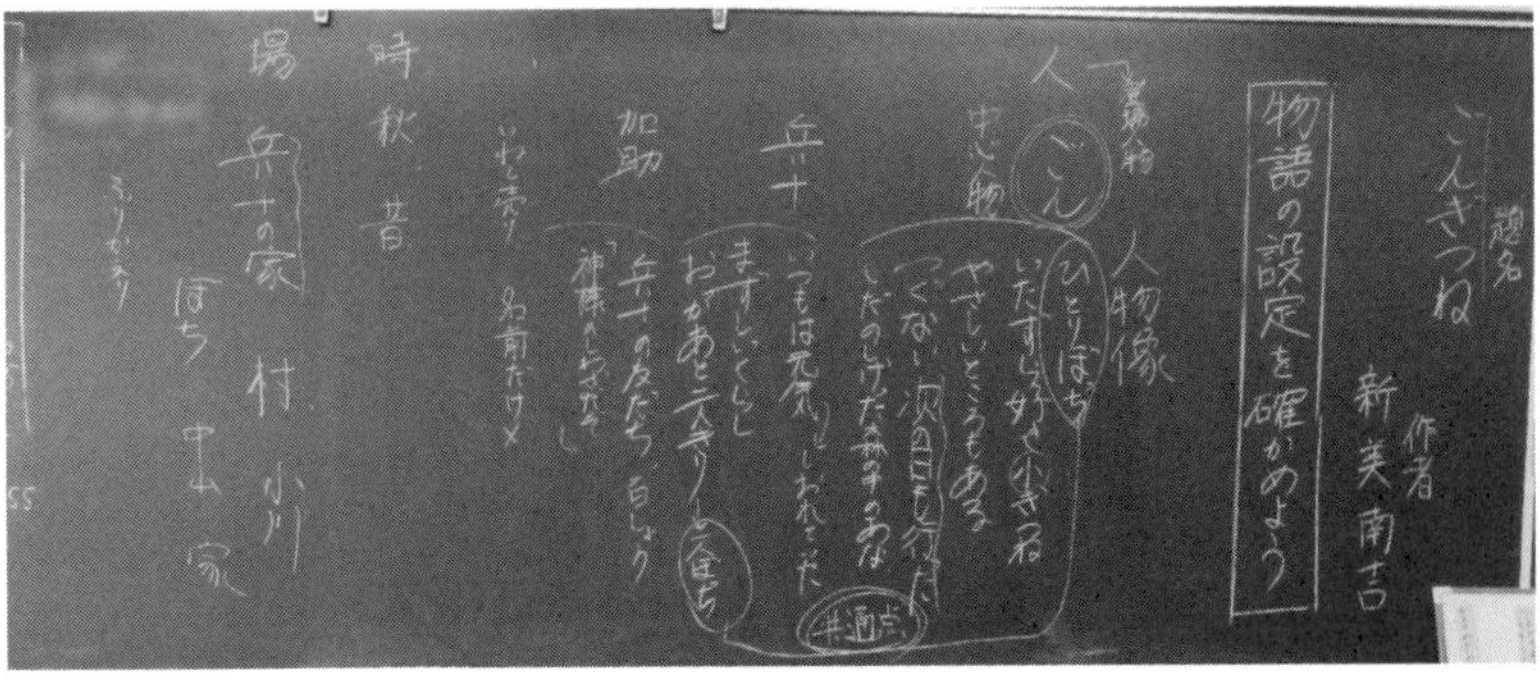

音読指導をしたり、こういう地道な指導をしたりすることで、子ども達が深い読み取りをする基盤をつくり、この後の授業が成功するのです。場面ごとに読んで内容を確認するなど時代遅れだ、と言う方もいらっしゃいますが、私はそうは思いません。先進的な発問、活動のみでは、必ず置いていかれてしまう子も出てきて、一部の子達だけで授業が進んでしまいます。こういう「押さえる」「確認する」授業は、この後の授業のためにも、子ども達が問いを持てるようにするためにも、重要です。

さて、ここでは、「場面ごとのつながりが見出せるようにすること」「4・5場面の重要性と6場面の違和感に気づかせること」の二点が重要です。場面ごとに「○○なごん」と見出しをつけさせることで、「ぬすんだ」→「こうかいをした」→「つぐないを始めた」等と場面間のつながりを明らかにできます。長いお話も、こうしてつながっている、ということが分かると、子ども達は全体像が掴めてきます。

子ども達はこのようにまとめていくと、「4・5場面で、神様のしわざと言われたのに、なぜごんは次の日も届けに行った

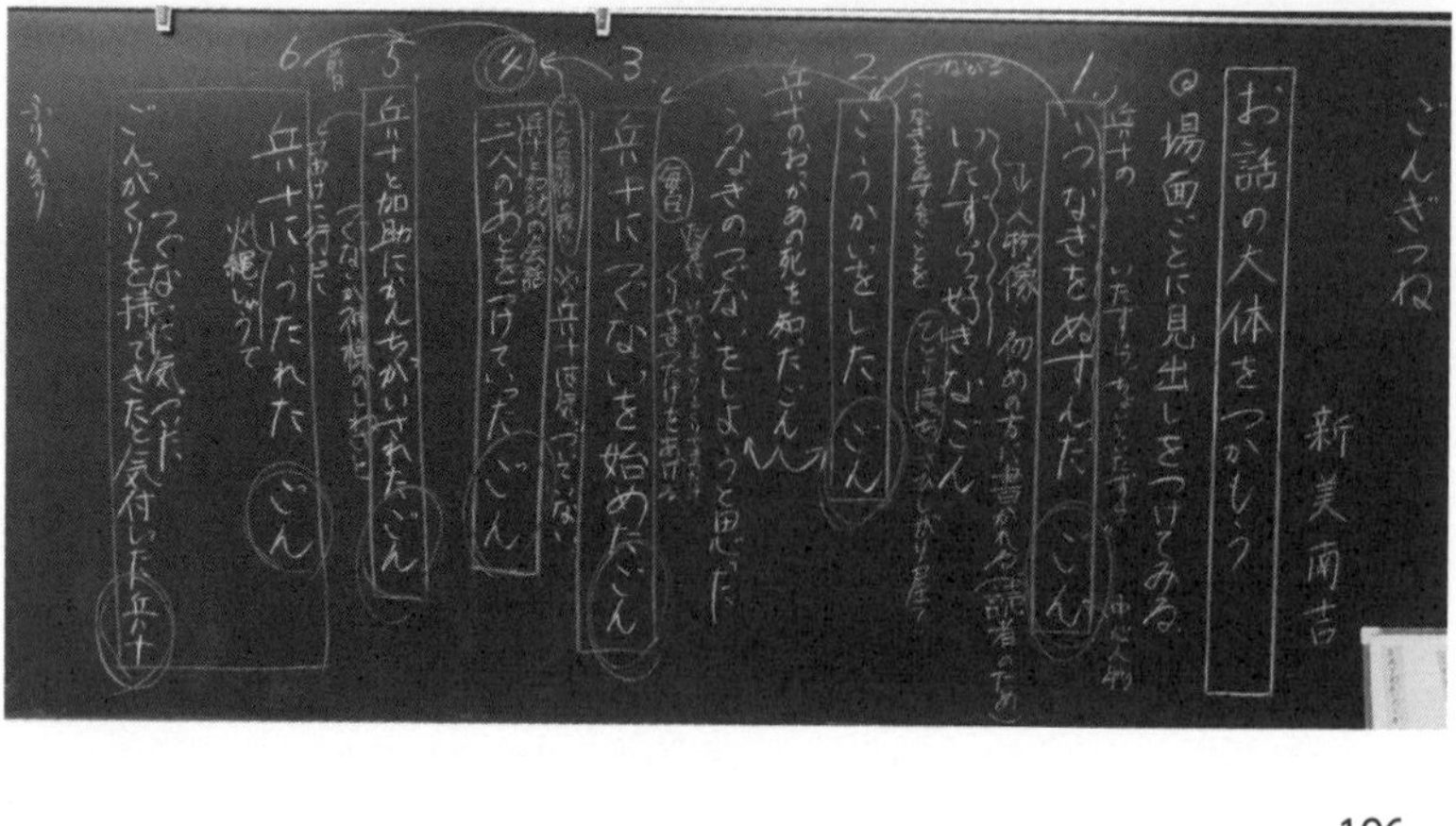

のだろうか」と自然と疑問を持つことができます。他の場面間は「こうかいをした」→「つぐないを始めた」などと、しっかりつながっているのに、5場面で「勘違いをされた」→6場面「次の日も届けに行った」というのが、あまりつながっていないということに気づくのです。ここで、自然と問いを持つことができます。

また、この方法でまとめさせていくと、必ず6場面で意見が割れます。「兵十にうたれたごん」とする子が六～七割いる一方、残りの子は「ごんをうってしまった兵十」「ごんのつぐないに気づいた兵十」などと、兵十を視点に書きます。ここでも、自然と「6場面で視点が変わっているのはなぜか」という問いを持つことができます。

このように、物語の大体を確かめつつ、子ども達が無理なく自然と問いを持てるように、虎視眈々と教師はねらって授業していくのです。そうすれば、必ず、子ども達の「おかしいなぁ。」などというつぶやきが拾え、「何がおかしいの？」などと尋ね、広げることができます。

○第五時　ごんと兵十の心情の変化を比べながら読み取る

ごんと兵十の心情の変化を比較しながら読み取ります。

ここまでを、全体で押さえておき、その後はグループごとに課題を追究していくようにします。中学年の重要な指導事項である「登場人物の心情の変化」までは全体で押さえておきたいからです。

ここでは、ごんの心情が「つぐないたい」という心情から、「兵十自体に興味がある」「兵十に親しみの心が芽生えている、友達になりたい」という心情へと変化していっていることを押さえたいところです。前者の根拠は叙述に明確に表れていますが、後者は明確には書かれていません。

ですので、「おれと同じ、ひとりぼっち」や「兵十のかげぼうしをふみふみ」といった叙述から、子ども達にどういう心情なのかを具体的に想像させる必要があります。このあたり、明確には書かれていないことから心情を想像する、というのは低学年の読み取りから格段にレベルアップしているところです。

子ども達に語らせるときも、「兵十に対して親しみの心を持っていると思います。兵十のかげぼうしをふみふみと書いてあるからです。」と根拠だけで理由づけをさせず、「別に加助のかげぼうしをふみふみしてもいいのに、兵十のかげぼうしをあえてふみふみしているので、親しみが表れています。」と理由づけを語らせるようにしましょう。

一方、兵十はそれに全く気づかず最後の場面ですべてを悟る、ということを押さえておきます。これが、物語の大きな特性の一つです。

○第六時　自分の追究したい問いを出し合い、班で絞っていく

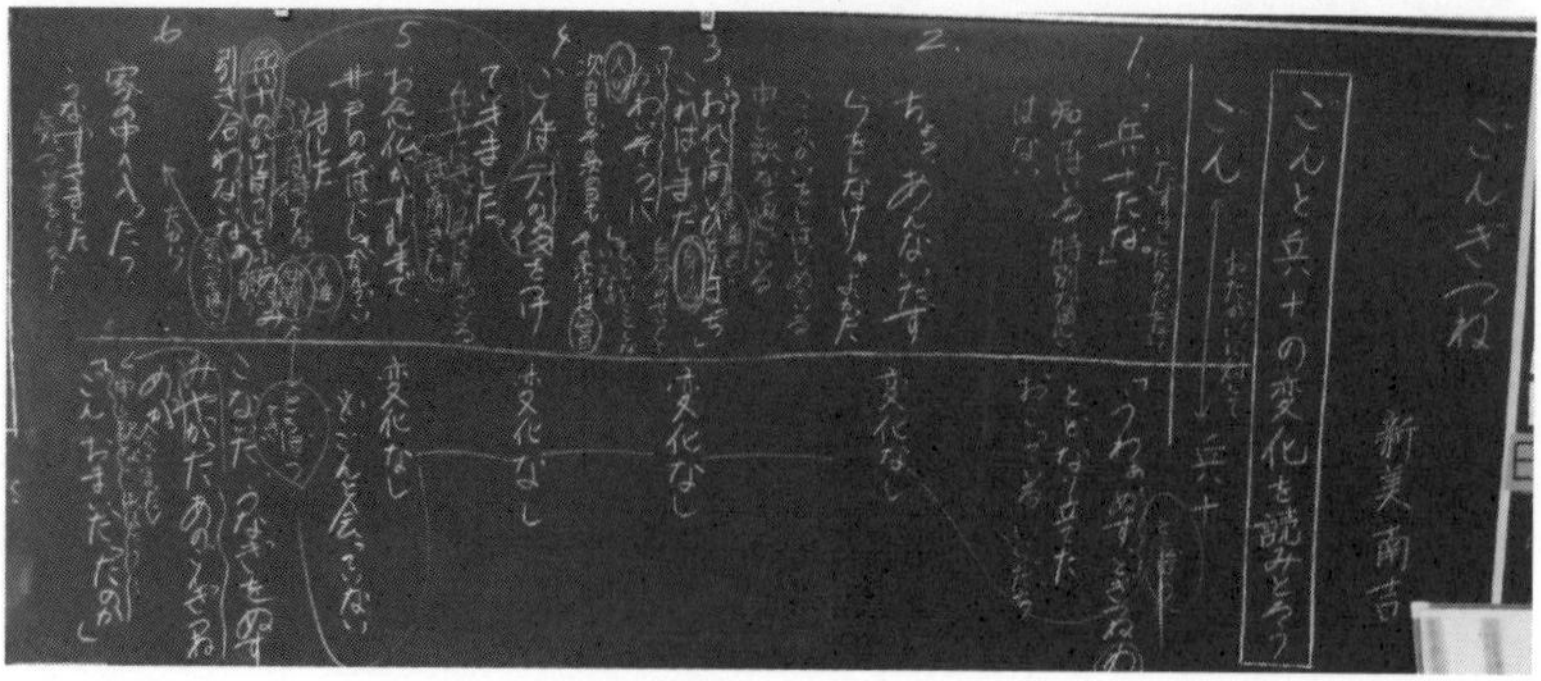

ここからは、自分が追究したい問いを出し合い、課題別グループでそれぞれ追究していくようにします。

まずは、個人で問いを出し、班で共有します。この際、「白いぼうし」第五時で述べたように、班で問いの絞り込みをさせていきます。以前指導したことですが、再度丁寧に指導することが大切です。

読めば分かる問いに対しては、叙述を示しながら説明し合わせ、話し合っても仕方ない問いに対しては、「それは話し合っても仕方ないんじゃないかな」と指摘させていきます。この際、ジャムボードを使用し、話し合わせるとより効率的です。そして、班で一～二つ問いを出させます。出された問いを整理し、以下の八つにしました。その後、子ども達は個人で自分が追究したい問い二つを私に端末で送り、私が以下のようにグルーピングしました。全員が、自分の追究したい問いのグループに入るようにしています。

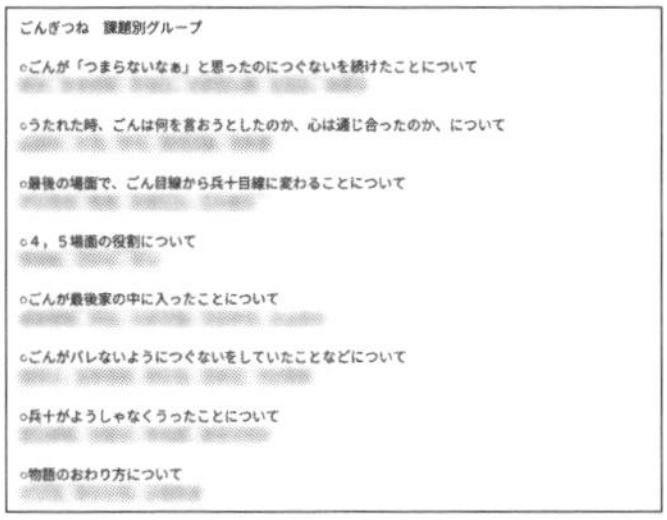
ごんぎつね　課題別グループ

○ごんが「つまらないなぁ」と思ったのにつぐないを続けたことについて

○うたれた時、ごんは何を言おうとしたのか、心は通じ合ったのか、について

○最後の場面で、ごん目線から兵十目線に変わることについて

○4，5場面の役割について

○ごんが最後家の中に入ったことについて

○ごんがバレないようにつぐないをしていたことなどについて

○兵十がようしゃなくうったことについて

○物語のおわり方について

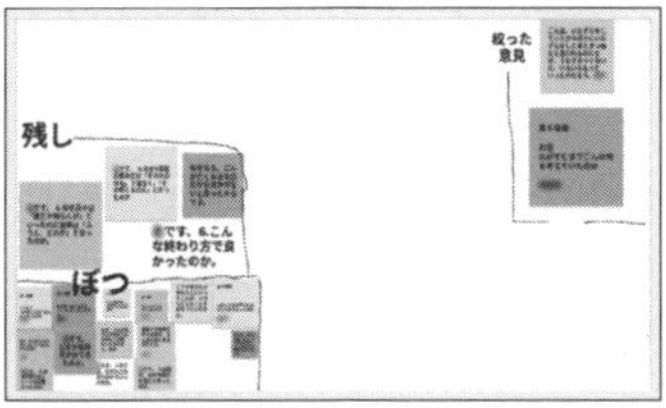

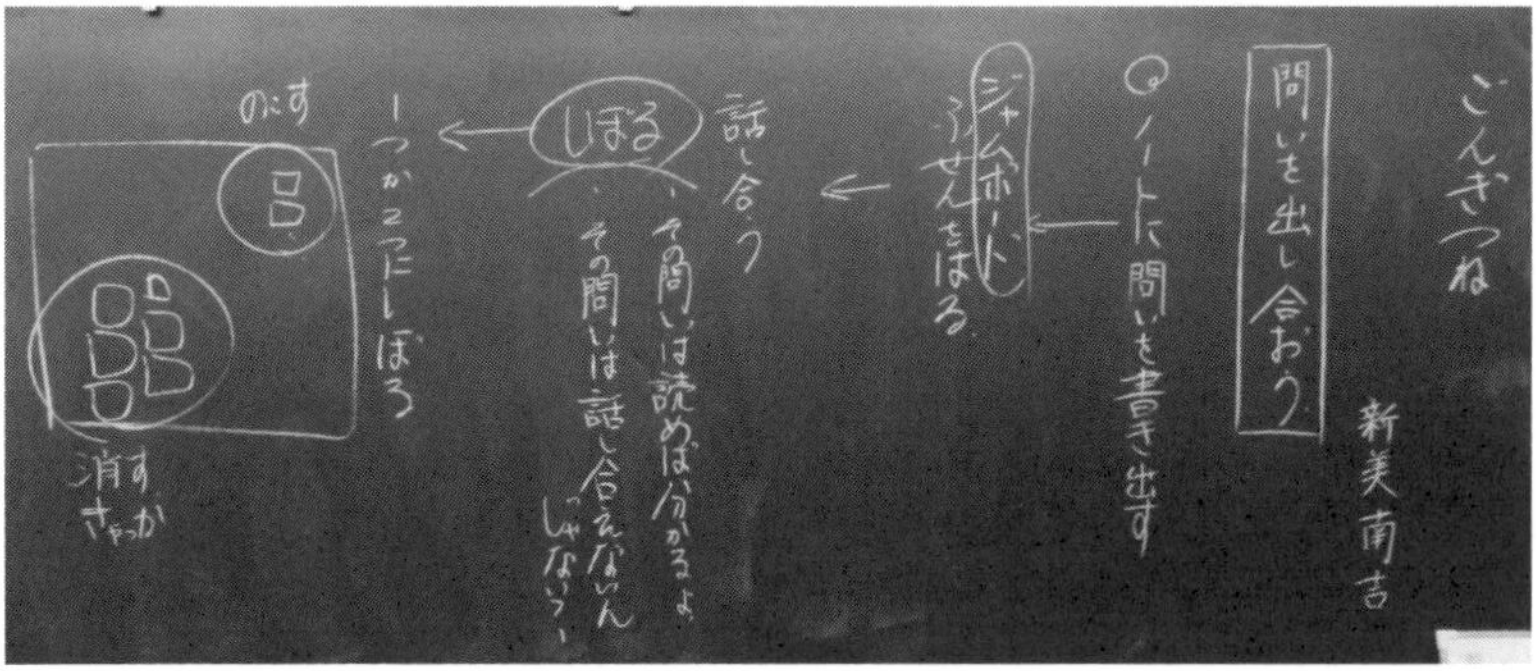

班で問いを絞らせますが、その後は個人で問いを選んでよいというようにするのがポイントです。

○第七〜九時　グループごとに問いを追究し、スライドをつくりプレゼンし合う

グループピングが済んだら、最後にスライドで発表し合うことを伝え、グループで話し合いや調べを進めさせます。

教師は、教室中を常に歩き回り、各グループに応じたアドバイスをしていきます。例えば「物語の終わり方」グループには、「他の物語の終わり方と比較してみたら？」などとアドバイスをしたり、「最後にごんが兵十の家に入ったことについて」のグループには、「ごんはどこを通って入っていったのかな。」などとアドバイスをして回ります。教師が、教材研究の段階で考えたことを、子ども達にも託し、一緒に探究していくイメージです。
こうした、子ども達に託す授業では、一見教師の活動量は減りますが、全グループの学習状況を把握しつつ、適切にアドバイスをしていかなくてはいけないので、非常に難しくもあります。背景に、しっかりした教材研究がなければ成り立ちません。しかし、難しいとはいえ子ども達は、自分たちで話し合いながら、教科の本質を体

験できる、貴重な学習となります。
最後に、グループごとにスライドで追究の成果を発表し合います。

○第十～十二時　感想文を書き、読み合う

単元の最後は、感想文を書き、読み合う活動です。私はどの教材でも読むことの単元では、最後はレポートのようなものを書かせることにしています。そこにこそ、子どもの本当の実力が出ますし、こちらの指導の成果も見て取れるからです。いくら授業中に話し合いが盛り上がったとしても、自分一人で考えを書けなければ、本当の意味でしっかり指導したとは言えないと考えます。書けてこそ本当の実力、と言えるのです。（もちろん、特性でどうしても書くことができない子もいます。）これは、教師である私が自分に課しているとも言えます。子ども達が自分の考え、読みを書けるように育てることを意識しています。

さて、「ごんぎつね」では、感想レポートの切り口を三種類用意しました。

①「ごんぎつね」を「～なお話だと思う。なぜなら……」という形で自分の読みをまとめる。
②自分の読みはどう変わったかを書く。
③「ごんぎつね」のよいところを三つ書く。

①は個人の読みの抽象化をねらっています。高学年に向けて主題を掴めることにつながっていくで

しょう。②は読みの変化を意識化することをねらっています。最初一人で読んだときには見えなかったことが、友達と読み話し合うことで見えてきた、という実感や読みの深まりを意識化し、読むって楽しい、友達と話し合うって楽しいと実感させることにつながります。③は文学を鑑賞する力を育成することをねらっています。ここでは文学を楽しむ態度や文学の読み方が伸ばされ、他の文学を読むときに発揮される力につながるでしょう。

それぞれ、微妙にねらいは違いますが、今回の単元では子ども達に「託す」場面が多く、子ども達の学んだことも、書きやすい形式も違うことが予想されたので、最後のまとめも「託す」ことにしました。

まとめの文章も選択式にすることは、子ども達の意欲も高め、書くことに対する抵抗を和らげます。子ども達は夢中で二時間弱書き、一時間は夢中で友達の感想を読んでいました。

なお、感想レポートは端末で書かせました。紙幅の都合上すべてをお見せすることはできませんが、①〜③それぞれ一つずつ、実物例を紹介したいと思います。

① ぼくは、兵十から見てもごんから見ても後悔する話だと思います。ぼくがそう考えている理由を2つずつ書きます。

兵十が後悔した理由の1つ目は、栗や松茸を（つぐないをしてくれた）くれたごんを火縄銃で、撃ってしまったからです。少し様子を見るまたは周りを見回すとまたいたずらをしに来たと思わないと、思います。そうしたら火縄銃で撃たないはずです。

兵十が後悔した理由の2つ目は、加助が言った「神様のしわざ」というのを信じてしまったからです。それを信じてしまったから加助の言った「神様にお礼を言うがいい」という言葉を信じてお礼を言っているのに兵十がお礼を言わなければならないのはごんだとわかったので神様にお礼を言うのは無駄だとわかったので後悔をしていると思います。

ごんが後悔した理由の1つ目は、いわしを盗んで兵十に渡してつぐないをしたらいわし屋にぶんなぐられたからです。ごんが盗んだのに兵十が盗んだと思われていわし屋にぶんなぐられてほっぺにかすり傷をつけられていてかわいそうだと思ったから後悔したと思います。

ごんが後悔した理由の2つ目は、つぐないを続けてきていたのに殺されてしまったからです。つぐないをしていなかったら殺されなかったです。しかし、気づかれた喜びも混ざっていたと思います。

このようにごんも兵十も後悔する話だと思いました。出てくる人物がこんなに後悔している話は、初めてでした。

② 私は、最初「ごんぎつね」を読んだ時、「最後の終わり方が中途半端な終わり方だったからまだ続きがありそう。ごんは、撃たれてしまったけど気づいてもらって嬉しかったんじゃないの?」という感想を持ちました。何故なら、P26の10行目からP27の8行目までで〔「さっきの話は、きっと、そりゃあ、神様のしわざだぞ。」「えっ。」と、兵十はびっくりして、加助の顔を見ました。「おれはあれからずっと考えていたが、どうも、そりゃ、人間じゃない、神様だ。神様が、おまえがたった一人になったのをあわれに思わっしゃって、いろんな物をめぐんでくださるんだよ。」「そうかなあ。」「そうだとも。だから、毎日、神様にお礼を言うがいいよ。」「うん。」ごんは、「へえ、こいつはつまらないな。」と思いました。「おれがくりや松たけを持っていってやるのに、そのおれにはお礼を言わないで、神様にお礼を言うんじゃあ、おれは引き合わないなあ。」〕と書いてあったからです。しかし学習を進めるうちに、〔「最後の終わり方は、面白さを出すための筆者の工夫・読者に面白さを与えるため。」「青いけむりが、まだつつ口から細く出ていました。は、悲しさを出すため。」〕という感想に変わりました。

以下に、どうしてそのように感想が変わったか、その理由を2つ書きます。

一個目は、「最後の終わり方について」は、物語の終わり方についてのとき皆で話し合った結果がそうで私もそうだと思って変わりました。

二個目は、「青いけむりが、まだつつ口から細く出ていました。」は、悲しさを出すためというのもグループで話し合っていたらここは、こうじゃない?となって私もそう思ったからです。

このように、私は、「最後の終わり方が中途半端な終わり方だったからまだ続きがありそう。ごんは、撃たれてしまったけど気づいてもらって嬉しかったんじゃないの?」という感想から「最後の終わり方は、面白さを出すための筆者の工夫・読者に面白さを与えるため。」「青いけむりが、まだつつ口から細く出ていました。は、悲しさを出すため。」という感想に変わりました。

③　僕はこの「ごんぎつね」という作品を読んで良いと思ったことが3つあります。
1つ目は終わり方です。しっくりくる終わり方ではなく読者に考えさせる中途半端な終わり方で興味をひかせていたのでいいと思いました。

2つ目は兵十の家のことです。「6で何故ごんは兵十の家の中に入ったのか」という問いに対して兵十の家の間取りを書きましたが、あまり兵十の家のことは書いていないので書くのが難しかったです。間取りを書いて分かったことはごんは物置に兵十がいたため栗や松茸をあげているのは自分だと気づかせるためにわざわざ家の中に入ったということです。ごんは兵十に気づかせようとしましたが、兵十に誤解されて撃たれるなんてごんはかわいそうだなと思いました。

3つ目は登場人物の感情です。「〜うれしく思いました。」などの感情をあらわにせずに言動から考えられるようにしてあって想像が膨らむ作品でした。例えば5の

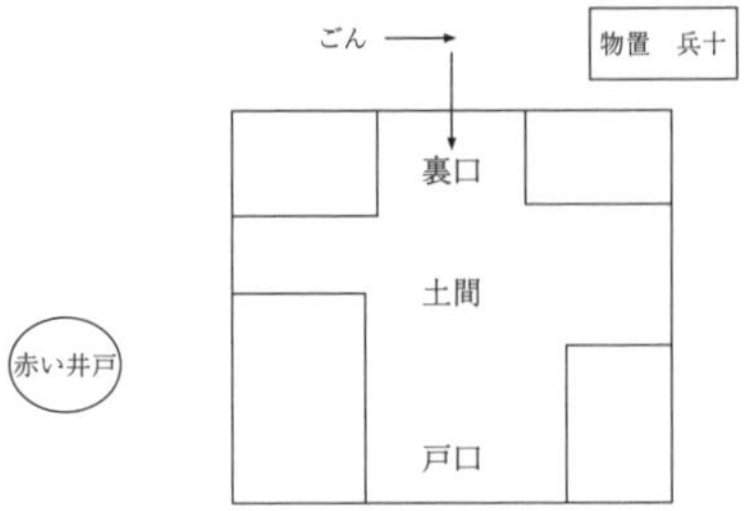

兵十と加助が会話している場面で兵十のかげぼうしだけを踏んでいったので、兵十へ仲良くなりたいという気持ちが感じられます。

僕はこの3つの共通点があるという事に気づきました。それは読者に考えさせる、想像させるということです。そのことから読者に考えさせる、想像させるということが物語では最も重要ということが分かりました。

また、読者に考えさせる、想像させるということがなければその物語はもうおしまいだと思います。なぜなら読者に考えさせる、想像させるということは読者の興味をひくということなので、それらがなければ読者の興味をひかない、つまり読者の興味がむかないということになります。そのため、読者に読んでもらえずにその本はどんどん見放されてしまうからです。

また、説明文では説明をしなければいけないので、しっかりした終わり方のほうがいいのかなと思いました。

④「プラタナスの木」の指導

○単元の流れ　（　）内は主な発問

①学習の見通しを持つ。全文を読み、あらすじを書き交流する。
②物語の設定を確認する。
③物語の大体を読み取る。（それぞれの場面に見出しをつけよう。）
④マーちんの変化の概要を読み取る。（今まで読んできた物語と比べて変化は大きい？　小さい？）
（プラタナスの木に対するマーちんの思いの分かるところは？）（何がマーちんを変化させたのだろう。）
⑤おじいさんの何がマーちんを変化させたのかを考える。（おじいさんのどの言葉が重要かな。）
⑥3場面の何がマーちんを変化させたのかを考える。（おじいさんの話だけでは変化しないの？）

⑦切り株の上に立つマーちんの思いを考える。（変わったものと変わらないものは何かな。）
⑧自分が思うこの物語の魅力を中心に感想文を書き、読み合う。

○単元のねらい

・スラスラと、内容の大体や文章の構成を考えながら音読することができる。
・登場人物の気持ちの変化や性格、情景について、場面の移り変わりと結び付けて具体的に想像することができる。

○第一時　学習の見通しを持つとともに、全文を読み、あらすじを書き交流する

第一時では、学習の見通しを持つことと、初読のあらすじを書いて交流し、読みのズレなどを見出し、今後の課題を明確化します。

学習の見通しとしては、最後のまとめで物語の魅力についてまとめ、文章を書くことを知らせておくとよいでしょう。そうすると子ども達は、その視点を持ちつつ毎時間の学習に取り組むことができます。この時間だけでなく、他の時間にも適宜、最後の言語活動については想起させるとよいです。

その後、通読し、あらすじを書かせ交流します。これまでの単元同様、端末で交流すると効率的で、「友達の書いたあらすじを読んで気づいたこと」まで子ども達に出させることができます。

ここでは、「マーちんが変化したにはしたのだけれど、どんな変化なのか言い表しにくい」というところに子ども達の課題意識が焦点化されていくとよいでしょう。「じゃあ、マーちんはどのように変化したのか、みんなで今後考えていこう。」と、本単元の中心的な課題である「中心人物の変化」へとスムーズにつなげていくことができます。

○第二時　物語の設定を確認する

この単元でも物語の設定を確認します。単に書き出させるのではなく、「自分が重要だと思う順」に書くように指示します。登場人物では、「マーちん、おじいさん」までは中心人物、対象人物ということで全員同じになるのですが、この後の花島君、クニスケ、アラマちゃんをどう並べるかでかなり意見が割れて面白いのです。議論が自然と巻き起こります。

○第三時　各場面に見出しをつけ、物語の大体をつかむ

「ごんぎつね」のときのように、各

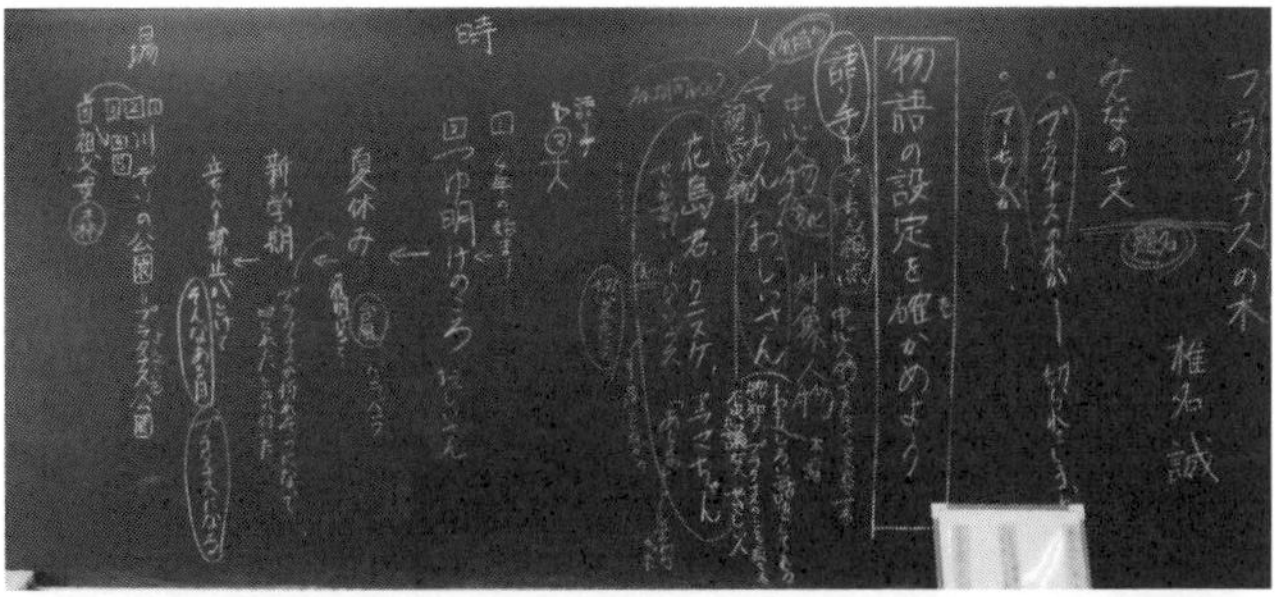

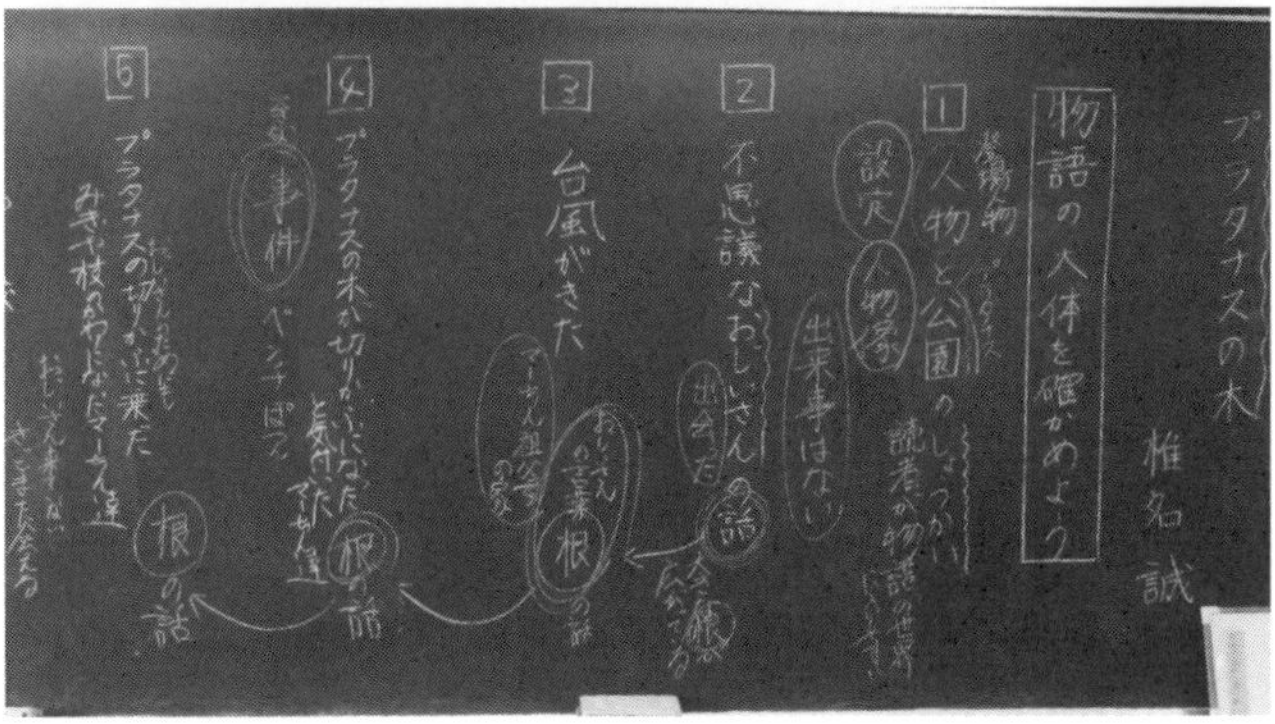

場面に見出しをつけることで物語の大体を確認していきます。

このような、「押さえる」授業も、今後の深い読み取りをしていくうえでは、子ども達の基盤をつくる、同じ土俵に立たせるという観点で重要です。場面間のつながりやどこで事件が起こっているのかなどを改めて確認していけるようにします。

○第四時　マーちんの変化の概要を読み取る

本時では、中心人物であるマーちんの変化の概要を掴みます。変化の概要は、板書写真のように初めと後で、マーちんの木に対する思いがどう変化したかをまとめると分かりやすいです。そして、重要なのは、その変化のきっかけについても考えることです。ここでは、「おじいさんの話」と「森での経験」というところに焦点化していくと、次時以降がスムーズです。

○第五時　おじいさんの何がマーちんを変化させたのかを考える

本時では、前時で明らかになった、マーちんを変化させたきっかけである「おじいさんの話」に焦点を当てます。

ここでは、「一番マーちんを変化させた言葉はどれか」と、「一

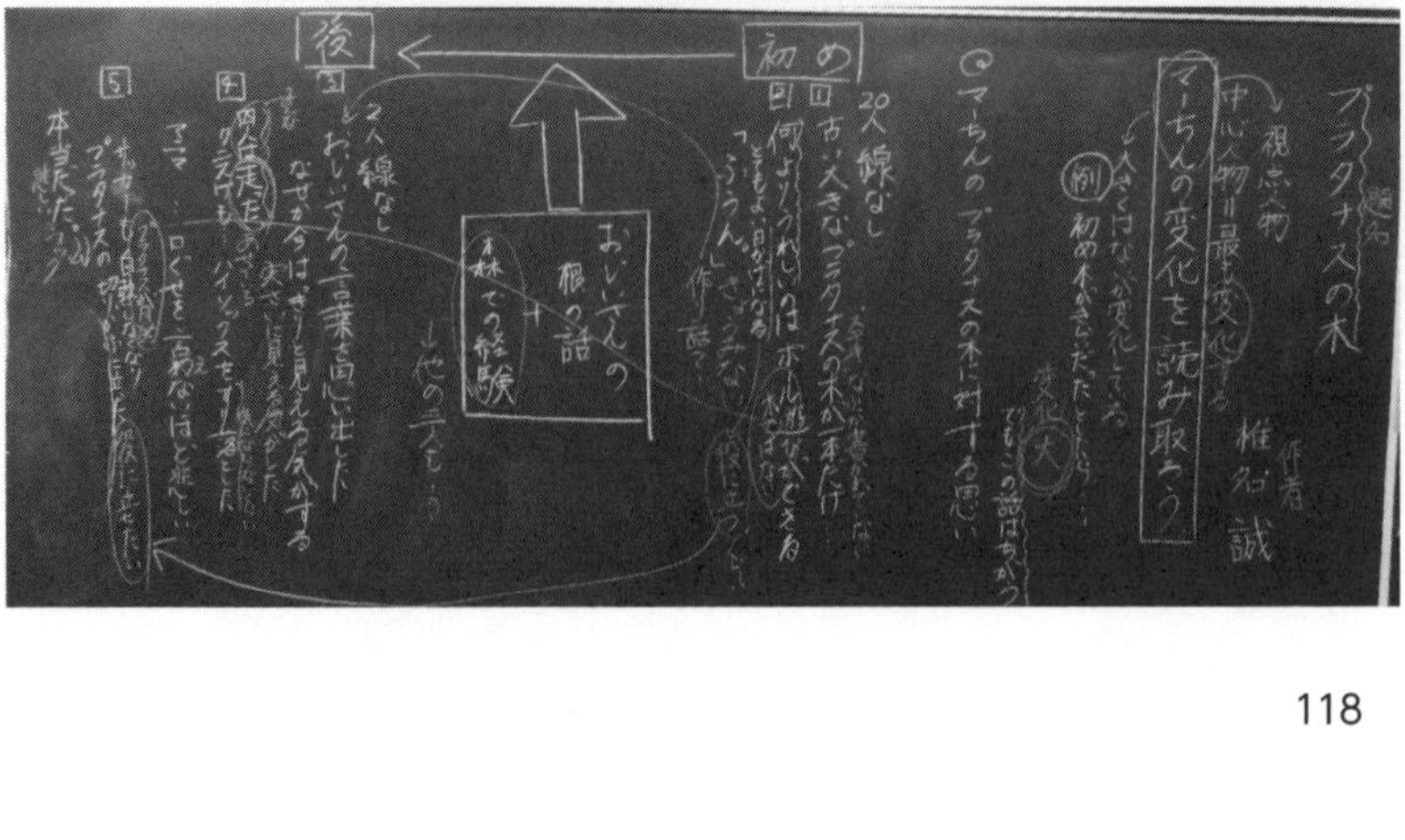

番」を問うと子ども達も考えやすく、考えのズレも明確になるので話し合いやすいでしょう。

絶対的なたった一つの正解はありませんが、おじいさんの言葉への解釈を語り合う中で、この後の文章や物語の山場へとつながっていることを確認していくと、おじいさんの言葉の重要性を改めて認識することができます。

○第六時　森での経験の何がマーちゃんを変化させたのかを考える

「おじいさんの話」と並んで重要なのは、「森での経験」です。つまり、3場面です。

おじいさんの話を聞いていただけではマーちゃんは大きく変化しません。実際に、森でおじいさんの話の内容を感じ取ったからこそ、おじいさんの話を真に理解したのです。

ここでは、大きな台風に襲われたにもかかわらず、翌朝には森は無事で平穏を取り戻していることから、地中には大きな根が広がっていることを改めて感じたということを押さえたいところです。

授業では、子どもから「おじいさんの話を実体験して、さらに理解した。」という発言が出てきました。そこで私は、子ども達に「みんなも、話を聞いたときは、『へー』ぐらいだったのに、それを実体験して、『なるほど！』と理解し直したことはありますか。」と尋ねました。子ども達は

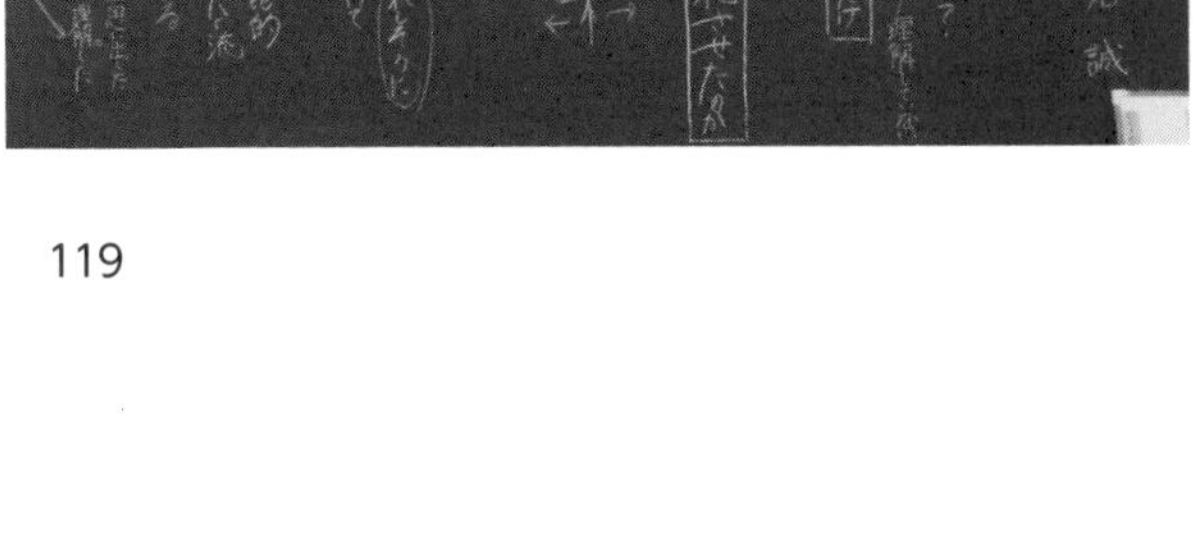

真剣な表情で自分の人生を振り返っていました。ここでは「実体験、はキーワードだね。」とまとめておきました。私も一つ自分の具体例を話して終わりました。ここでは、教師も一つそういう具体例を持って授業に臨みたいですね。

○第七時　切り株の上に立つマーちゃんの思いを考える

ここでは、「ぼくたちのプラタナス公園は変わらない」という、マーちんの思いが色濃く表れている叙述が子ども達からすぐ出されるので、それを取り上げ、「何が変わって、何が変わらないのだろう。」と発問をしました。

　変わったものは、プラタナスの木が切られたことやサッカーが白熱しなくなったこと、おじいさんが来なくなったことなどが挙げられます。一方、変わらないものとしては、おじいさんから教わったこと、根が公園全体を守っていること、マーちんたちが遊びに行くこと、おじいさんの気持ち、プラタナスの木への思い、思い出、などが挙げられます。これらを板書して、「何か気づくことはないですか。」と尋ねると、しばらく考えた後、ある子が「変わったのは目に見えるもので、変わらないのは目に見えないものです。」と発言しました。「見えないこともマーちんは考えられるようになった、成長したんだ。そう思えたから、マーちん達は切り株の上に立っ

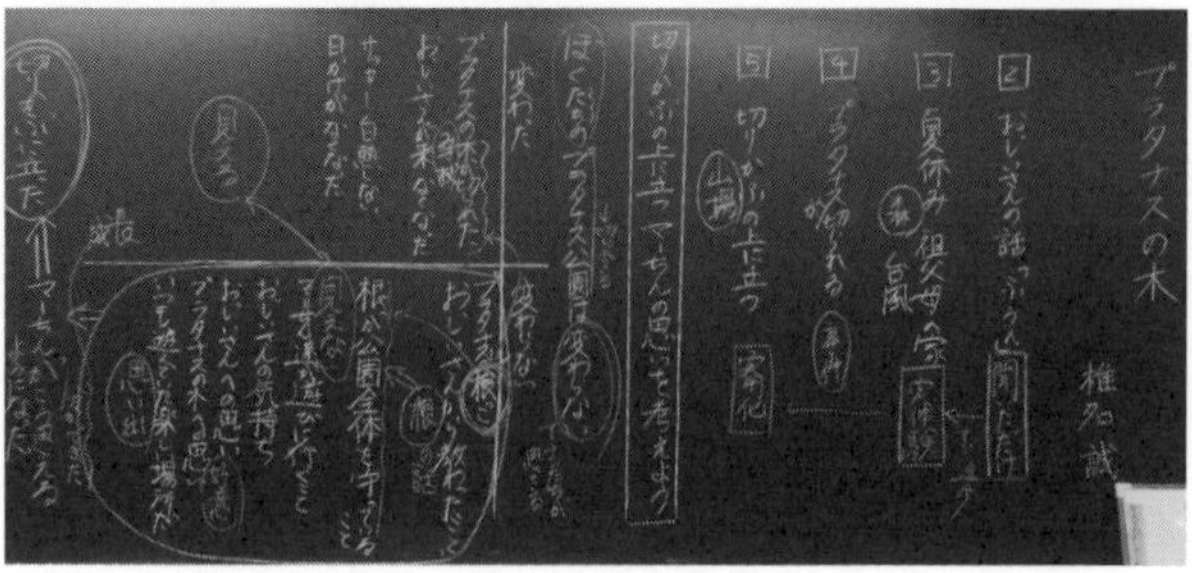

たんだ！」と、本単元の中心的な課題であった「マーちんの変化を言い表すこと」が本時でできました。最後に、2場面で「話を聞いただけ」、3場面で「実体験」したのが、4場面での「事件」を経て、5場面でどのようなキーワードを入れるべきか、を子ども達に尋ねました。すると、「実用化」という言葉が出てきました。おじいさんの話を「聞いただけ」→「実体験」→「実用化」（実際に自分たちで行動に移したという意味らしい）したというのです。第三時につけた見出しが、子ども達から出てきた、物語の構造上のキーワードでバージョンアップされたのが、面白いです。

○第八時　物語の魅力を中心に感想文を書き、読み合う

最後は、単元の冒頭で予告していたように、自分の考える物語の魅力を中心に感想文を書き、読み合う活動をします。紙幅の都合上、一人の例だけを紹介するにとどめますが、「気持ちが直接書かれていないけれど、それを想像するのが楽しい」というような記述が見られるとうれしいところです。高学年に向けて、「悲しい」とか「うれしい」とか直接的に書かれていなくとも、叙述から考えることで十分読み取れること、直接書かれていないことを読み取ることの面白さを感じられる作品だからです。

わたしは、「プラタナスの木」の3つのみりょくを紹介します。
1つ目は、終わり方についてです。終わりには、情景が書かれています。「～マーちんは大きく息をすって、青い空を見上げた。」です。「ごんぎつね」の時の、「青いけむり…。」というところは、悲しいのを情景で表していた

けれど「プラタナスの木」は、青い空なので、明るく終わったと思います。スッキリとした気持ちだと思います。けれどおじいさんの謎があるので続きが気になります。謎を残すのが、ポイントかなと思います。なぜなら、おじいさんが、なぜいなくなったんだろうと思わせられるからです。最後に全部の謎をたねあかししてしまったら、読んでいる人が、「へえ、スッキリした。」だけになってしまいます。謎を残しておくことによって続きが気になるなと感想をもたせるのは、すごいと思いました。5場面で、みんながこの時、きりかぶになったプラタナスの木にマーちん、花島くん、クニスケ、アラマちゃんがのります。だから、いい終わり方だと思います。

2つ目のみりょくは、考えさせられるところです。あえて言葉を言わないでちがう言葉で表現しているところが、いいと思います。例えば69ページ・10行目～12行目までで、「青く晴れ上がった空の下で、あんなにゆれていた森は、今は静かに太陽の光を受けてぴかぴかかがやいている。小川はまだ濁流のままだったけれど、鳥やせみはうれしそうに鳴き始めている。」というところです。この2文は、たぶん、森の様子が少し落ち着いたことを表しているんだと思います。森は、少し落ち着いてきた。よりちがう言葉で表現した方がその文から何が考えられるかとなるのでそちらの方が、考えられます。そして、登場人物たちの気持ちがあまり書かれていないところです。他の文から読みとらなければいけないので、ちがう文をしっかりと読み、書いたり意見を言ったりできるので楽しく面白いです。なので、他の文は、?と思っても大切なときもあります。その文章を何がわかるかと探せるのが、「プラタナスの木」のみりょくです。意見を聞き合い納得したり解決したりできるから良いです。探すには、その人物になりきってみるのが大切です。そうすると、「こうかな」と頭の中に浮かんできます。これらが、考えられるみりょくです。

3つ目は、人物のみりょくについてです。最初の場面マーちんは、「ふうん。」とおじいさんの話を理解していなさそうな反応をしたけれど、3・4・5場面で、見えるはずのない木の根が、見えるような気がするなどと書かれてあったのですごく変わりました。変わらせたのは、おじいさんの話そして、その実体験です。おじいさんは、対象人物ということを知りました。実体験は、森一本一本の木の素晴らしさがわかったことです。わき役で一人ずつどれくらい理解しているかなと読んでいたら花島君が、一番だと気づきました。なぜなら、おじいさんの話で質問をしていたり、「根は、ほられてはいないみたいだ。でも残った根っこはきっとこまっているんだろうね。」と人物の変化をそのまま書かずに他の文に、かくしておく作者は、すごいと思いました。

⑤「初雪のふる日」の指導

○単元の流れ　（　）内は主な発問

①②学習の見通しを持つ。全文を読み、あらすじを書き交流し、今後みんなで話し合いたいことを出し合う。三つくらいに課題を絞る。

③話し合いに向けた準備をそれぞれする。

④⑤⑥三つの課題を話し合う。

⑦友達と話し合って分かったことを中心に感想文を書き、読み合う。

○単元のねらい

・スラスラと、内容の大体や文章の構成を考えながら音読することができる。

・登場人物の気持ちの変化や性格、情景について、場面の移り変わりと結び付けて具体的に想像することができる。

・文章を読んで感じたことや考えたことを共有し、一人一人の感じ方などに違いがあることに気づくことができる。

○第一・二時　初発のあらすじを交流し、話し合いたいことを出し合って、課題を三つくらいに絞る

4年生最後の物語単元です。しかも、この作品は謎が多くあり、比較的子ども達から問いが出されやすい作品です。そのため、なるべく子ども達に「託し」ながら、子ども達の出した問いを中心に進めていきたいところです。

そのため、単元序盤でファンタジーであることを確認した後、あらすじの交流をし、ある程度、子ども達がどのあたりに注目しているかなど課題意識を確認したら、「みんなで話し合ってみたい問いを出してごらん。」と尋ねてみました。本来であれば、設定や内容の大体を確かめる読みを全員でしてから、問いを出させようと思っていたのですが、あらすじの交流の時点で子ども達の課題意識の高まりが見られたからです。物語の重要な面（よもぎの葉など）に向いていたのです。

ここで問いを出させると、大きく三つの方向性にまとまりました。「よもぎの葉について」「石けりの不思議さについて」「白うさぎについて」です。

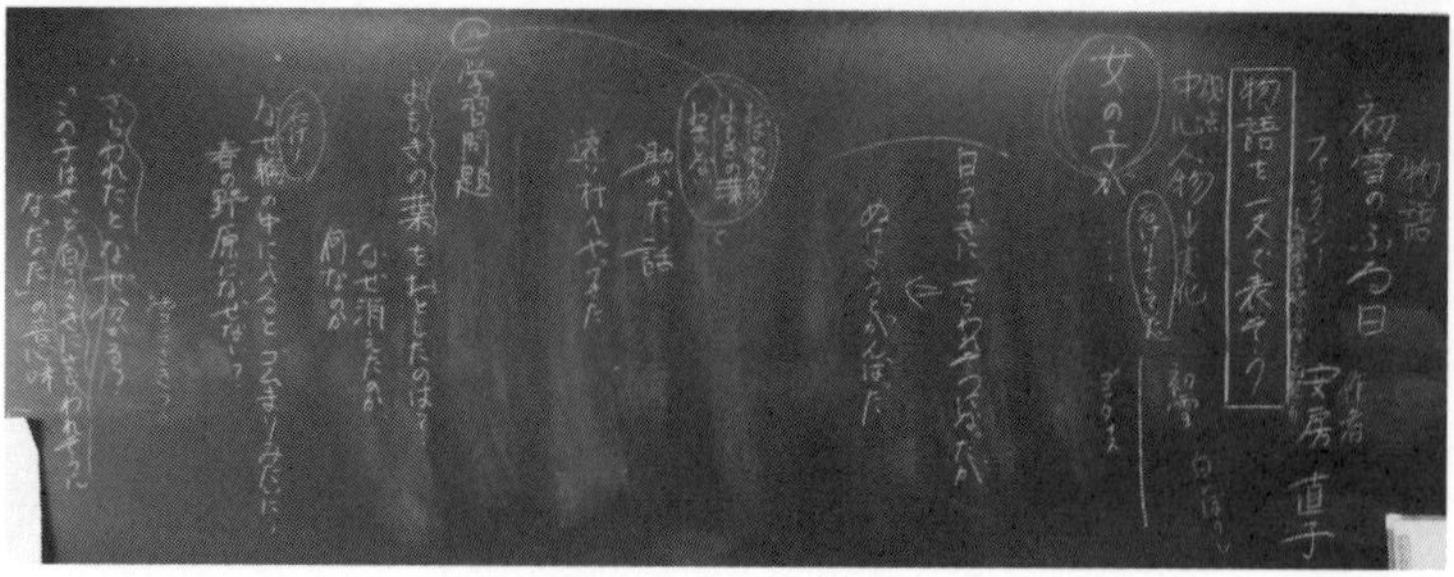

○第三時　話し合いの準備をする

前時に出し合った三つの課題に対する自分の考えを持つための時間です。

今後話し合うことを確認した後、そこには出されていない「女の子の変化」について全体で押さえる指導だけは行い、その後は、各自で今後話し合う三つの課題に対する自分の見解を固める時間としました。

ノートに考えを書く子もいれば、端末で書き出す子もいました。どちらを選択してもよいということにしています。

年度の最終版ですから、子ども達に「託す」場面を多くすることを意識しています。しかし、これらは子ども達の実態に応じて調整することが重要です。

一番大切なのは、授業で子ども達が、自分の頭で考え、言葉の力をつけることです。「託す」ことさえ、その目的の前では一手段なのです。「託す」ことが目的になってはいけません。

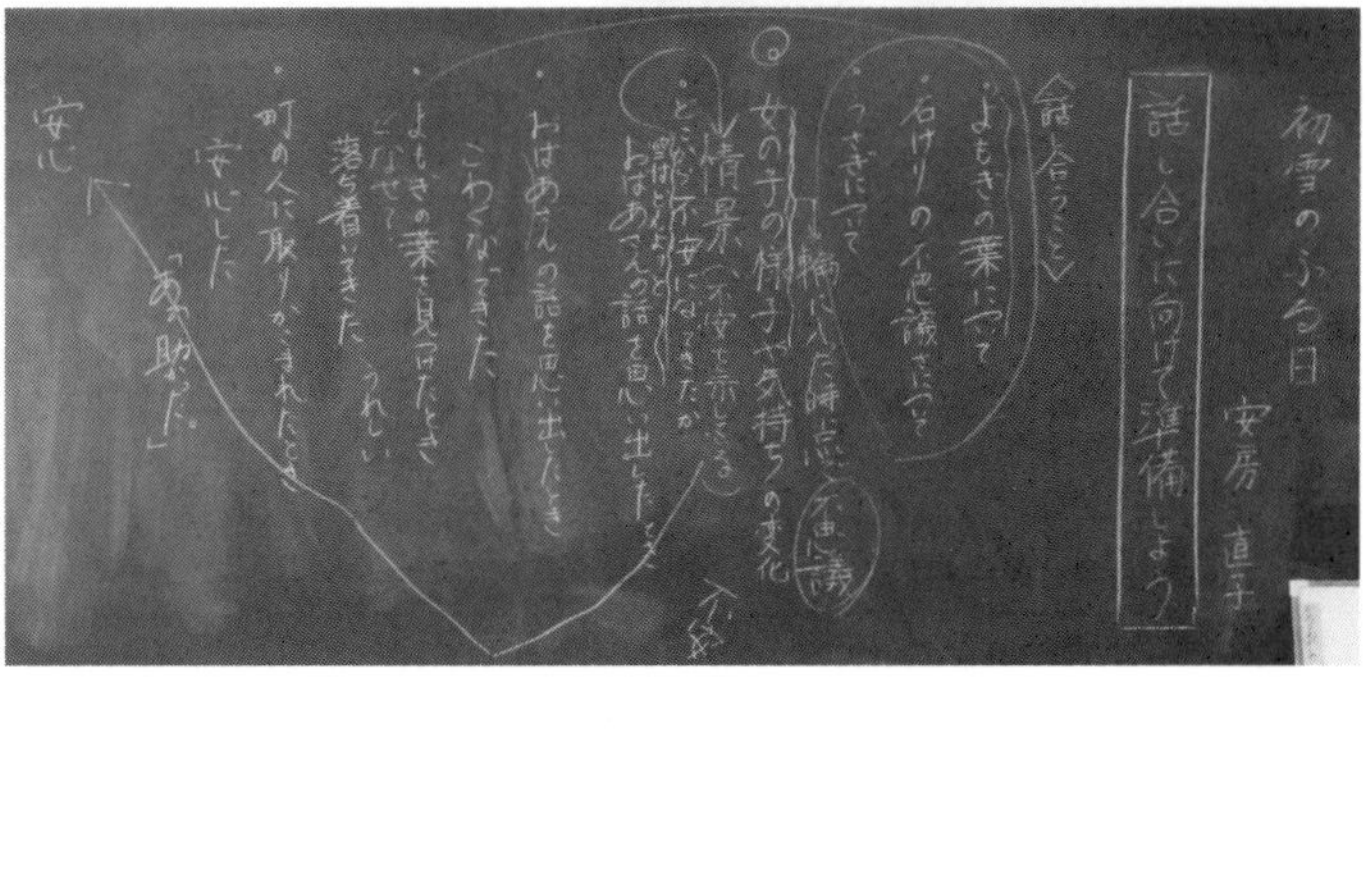

○第四～六時　出し合った課題について話し合う

ここでは、自分たちが話し合いたいテーマについて話し合います。ただ、丸投げではなかなか進まないでしょうから、教師がファシリテートしていく必要があります。

例えば「よもぎの葉について」話し合う時間には、まずよもぎの葉に関する疑問を出させてみます。そして、「どういう順に話し合っていったらいいかな。」と尋ねます。ここでは、「誰が置いたのか」「なぜ消えたのか」「そもそも何なのか」という順で話し合おうとなりました。

それぞれ、一つの正解はありませんが、それぞれで考えたことがつながりあって、よもぎの葉と雪うさぎの対比やそれぞれの象徴するものを考えるところまでいくことができました。こういうときに、前時のような自由に自分の考えをつくる時間が効いてきます。「前の時間に調べたんだけど、よもぎの季節は春らしいよ。だから春を表しているんだよ。」とか「私は花言葉を調べてみたんだけど、幸福なんだって！」とかいう発言がたくさん出てきます。

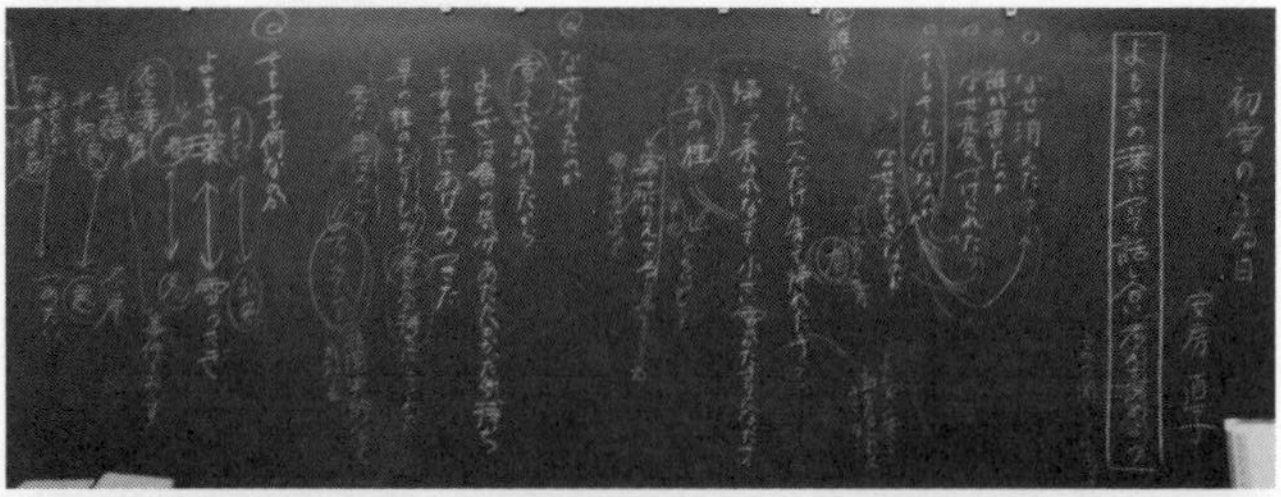

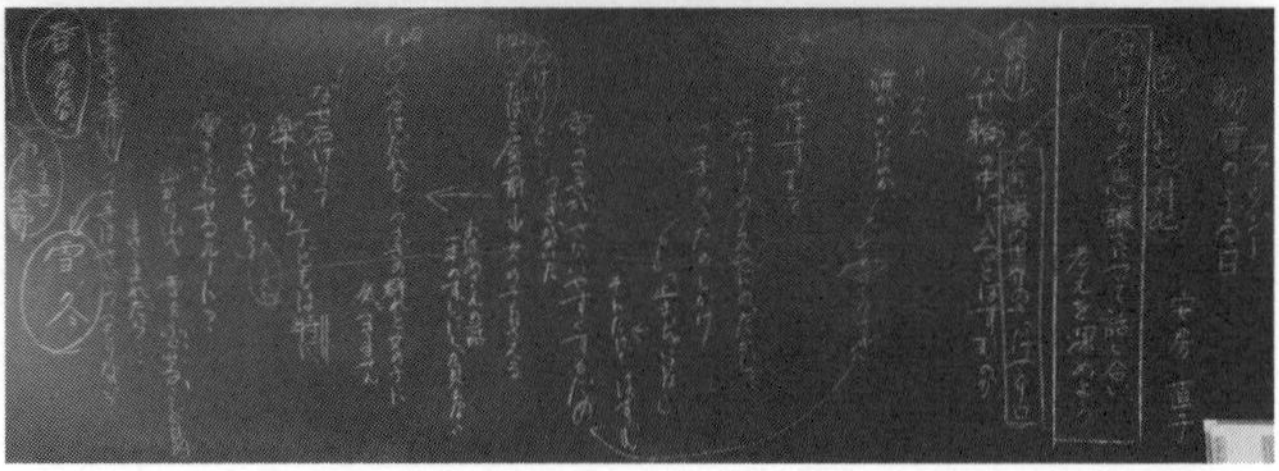

教師は、なるべく出番を減らして、子ども達の話し合いを整理することに徹します。そうすることで、子ども達は、自分たちの問いを話し合って解釈をつくり、自分の読みを自分でつくっていく喜びを体感することができます。

○第七時　友達と話し合って分かったことを中心に感想文を書き、読み合う

謎が多い物語でしたが、友達と話し合うことでその謎に対する自分の考えがつくられていきます。そういったことを記述させ、感想レポートを書かせます。

中には、「石けりはハリーポッターの駅の壁と同じだと思う。」などファンタジーの構造を他の物語とつなげて考えているような子もいました。こうしたレポートを読み合うことで、子ども達同士、また新たな発見をすることができます。

⑥詩の指導

○巻頭詩「かがやき」の指導

詩の指導を通して、言葉から考え、想像を膨らませることの大切さ、面白さを子ども達に体感させることができます。光村図書教科書の巻頭詩「かがやき」はおそらく子ども達と出会って初め

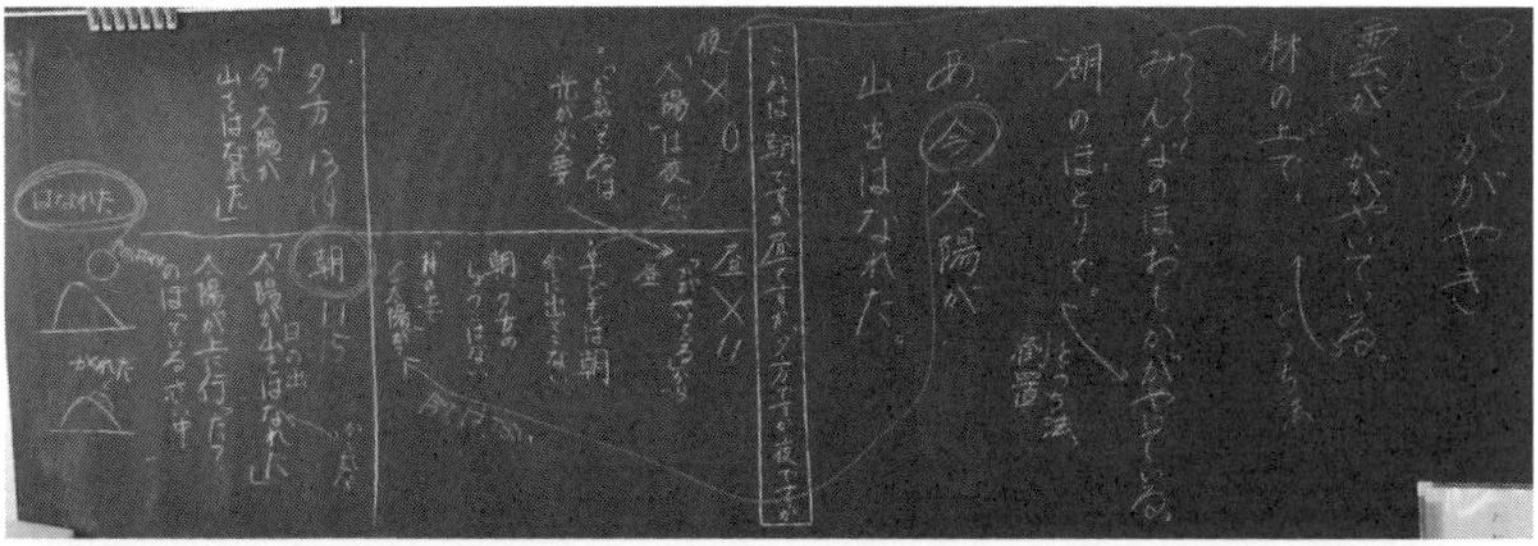

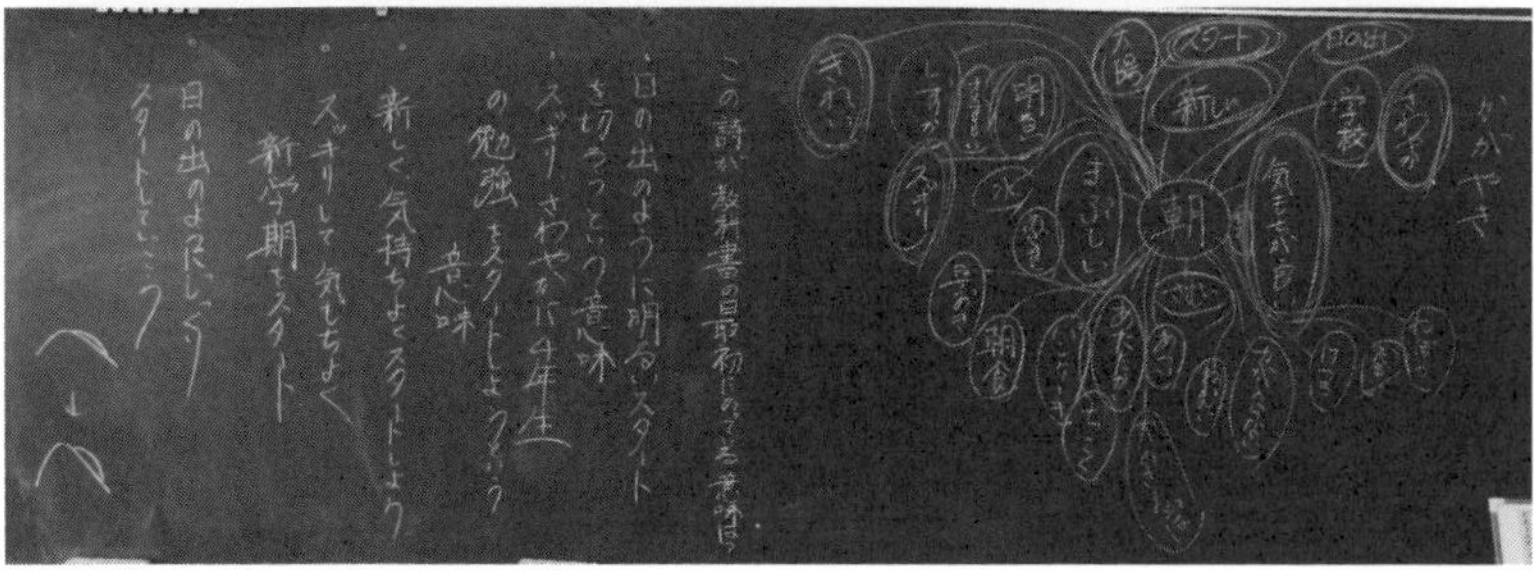

て行う国語の授業でしょう。そこで、単に音読して終わり、視写して終わりではもったいないです。言葉から考えること、叙述を大切にしていくことを、間接的に指導していきたいものです。

　そのためには、簡単にいえば子ども達が思いきり考える授業をするようにします。具体的にいうと、「かがやき」で私は二時間授業を行います。はじめに視写、音読を十分した後、「時間帯」を問う発問をします。そうすると、「太陽が山をはなれた」などの言葉から具体的に想像するようになります。議論が巻き起こります。そして、「朝」であることを導き出し、全員が納得した後、第二時では「朝」から感じられる言葉をたくさん出させた後、「この詩が教科書の最初に載っている意味」を問います。子ども達は楽しみながら、熱中して考えます。今後一年間の勢いをこの詩の授業二時間でつくるのです。

○「春のうた」の指導

「春のうた」でも、言葉から想像を膨らませる体験をさせます。

　ここでは、班で音読で表現させますが、「それぞれの行を何人で読むか」を考えさせます。四人班だったら、「1～4」、五人班だったら「1～5」といった具合です。

　班で話し合わせ、練習させます。その後発表会を行います。子ども達は夢中で話し合い、練習します。

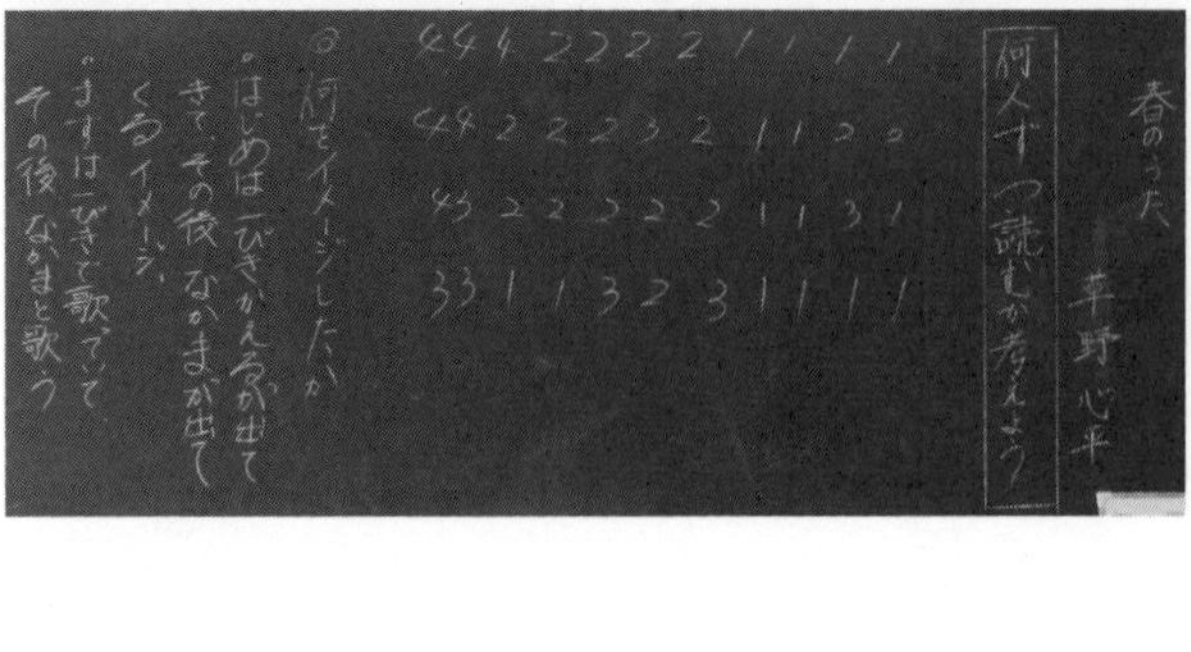

その後、何をイメージしたかを問うと、一匹が出てきて、その後仲間が出てくるイメージをした、という子達が多くいます。「どんなイメージ?」「想像を膨らませてね」と直接的に言わず、「何人で読む?」と間接的に問うことで、子ども達の想像力を引き出す発問です。

3 説明的文章の指導

中学年の説明的文章の指導をしていくうえで重要なのは、説明文を読むだけでなく「書く」というところまで視野に入れた指導をしていくことです。

身の回りには説明文が溢れています。新聞やレポート、指導案、企画書、この本だって一種の説明文です。大人になって文学を「書く」という人は少数ですが、ほとんどの人が説明文は「書く」ことになるのです。このようなことを踏まえると、説明文指導は「書く」ことと密接に関連しており、読めればそれでよいというものではないことが分かります。

説明文指導において「書く」ところまでを視野に入れたものにしていくと、教材研究や指導が変わっていきます。

まず、教材研究(素材研究)が本質的になります。その教材の文章としての特性を適切に掴み、それを子ども達に読み取らせ、書くことまで応用させていかなくてはならないからです。

教材文の論理構造をまずは教師が掴み、それを子どもに読み取らせる工夫を考え、さらにそれを活用して書かせるところまでねらっていく……という教材研究の流れに一本の筋が通るのです。

次に、子ども達への読みの指導も変わります。説明文を「読めればそれでよし」としていると、どうしても説明内容ばかりを読み取ることになります。そうすると、どうしても教材文の内容を読み取って終わり、という授業になりがちです。つまり、教科書を教える授業、教材内容を指導して終わりという授業です。「アップとルーズで伝える」であれば、子ども達はアップやルーズについて詳しくなって終わり、「ウナギのなぞを追って」であれば、ウナギの生態について詳しくなって終わり、という授業です。

もちろん、文章というのは内容ありきですから、内容を読み取るのも重要です。しかし、そのうえで、説明文の書かれ方や筆者の意図など、国語科の教科内容と呼べる内容も指導していかなくては、子ども達に言葉の力をつける、国語科の授業とは言えません。

長崎伸仁（1992）では、説明文で指導すべき三つの要素を「内容」「論理」「筆者」としています。低学年では「内容」を、中学年では「論理」を、高学年では「筆者」を、主に読み取る対象にすべきと主張しています。本書が対象としている4年生は「論理」を主に読み取ることとされていますが、この「論理」とは何でしょうか。それは、「読むこと」の章はじめの総論で述べた「関係性」を読むことや「つなげて」読むことに他なりません。

具体的には、段落同士の関係性や段落の役割等について、筆者の意図を推測していきながら読んでいくことです。そうした読みを子ども達に経験させていくことで、いざ自分が書くときになったら、それらを考えながら書くことができます。

このように、書くことを視野に入れると、説明文の読みの指導も変化していくのです。

①「思いやりのデザイン」「アップとルーズで伝える」の指導

○単元の流れ　（　）内は主な発問

⓪説明文学習オリエンテーション：1年生教材を用いて既習事項を確認する。

①「思いやりのデザイン」…題名読みをする。文章の大体を読み、「対比」について知る。（事例はいくつ？）（絵文字や案内図は何のために出されている？）（事例は何のため？）

②「アップとルーズで伝える」…題名読みをする。内容の大体を掴む。（各段落は、アップのことかな、ルーズのことかな。）（筆者の伝えたい考えは何だろう。）（なぜ二回同じことを言っているのか。）

③④アップとルーズの対比を読み取る。疑問やみんなで話し合いたいことを出し合う。

⑤アップとルーズの順番について話し合う。（ルーズ、アップの順で出てきたのはなぜか。）（「ルーズとアップで伝える」ではダメか。）

⑥7段落について話し合う。（なぜ写真の話も出したのか。）

⑦⑧二つのものを対比して説明する文章を書き、読み合う。

○単元のねらい

・スラスラと音読することができる。

・段落相互の関係に着目しながら、考えとそれを支える理由や事例との関係などについて、叙述をもとに捉えることができる。

・考えとそれを支える理由や事例との関係について理解することができる。

○第○時　オリエンテーション：1年生教材（「じどう車くらべ」）を用いて既習事項の復習をする

私は、4年生の教材の学習に入る前に、1年生教材（「じどう車くらべ」）を使って、子ども達の実態把握と既習事項の復習をするようにしています。

これを行っておくことで、子ども達を共通の土台の上にのせることができ、今後の授業を進めやすくなります。やり方は、簡単です。1年生教材を印刷して配り、「みんながこれまで学習してきて、知っていることをこの紙に書き込んでごらん。」と指示します。その後クラス全体で共有していきます。「題名」「筆者」「問い」「答え」「段落」「事例」「初め・中・終わり」などを確認していきます。

意外なほどこれらを忘れている子達が多いものなので、ここでしっかり基盤を固めておきましょう。また、「説明文の学習は面白い！」と思えるような、発問や学習活動も行うとよいでしょう。例えば「事例はどんな順序になっている？」と聞き、事例の順序を検討させます。すると、1年生の簡単な説明文でも、事例が読者にとって身近な順に並べられていることに気づき、説明文の奥深さに気づきます。また、子ども達から「終わりがありません。」と出されたら、「よく気づいたね！　書いてみたら？」と投げかけ、書かせるのも面白いでしょう。このように、説明文の学習は、君たちが思っているより型にはまっていなくて、創造的で面白いのだというメッセージの授業を、オリエンテーションで行うように私はしています。

○第一時「思いやりのデザイン」の題名読みをし、文章の大体を読み、「対比」について知る

説明文の第一時は、題名読みから入るのが私は最もよいと考えています。題名読みとは、本文を読む前に題名から本文の内容を予想することです。かなり前から取り入れられてきている手法です。

題名読みのよさは、言葉から考えることを子ども達に根づかせることができ、なおかつ本文の内容を予想して読みの構えをつくることで初読でも文章内容を把握しやすくすることです。

これらのよさを生かすために、題名読みをする際は、必ず「どの言葉からそう考えたのかをノートに書きましょう。」と、どの言葉をもとに考えたのか、明らかにさせたり、「なるべく内容を詳しく予想してみましょう。」と、内容の予想を具体的にさせたりするとよいでしょう。

その後、初読に入ります。説明文指導では、初読を終えたら前時に確認しておいた既習事項を使って文章を概観していくとよいです。「問いは？」とか「事例は？」といった具合です。既習事項の確認をしておくことで、子ども達はこれらの学習用語をツールにしながら、どんどん自分たちで読みを進められるようになっていくのです。

そして、ここでは新たに「対比」を指導します。本文のAとBをもとに対比の定義について指導するだけでなく、その後「じゃあ、鉛筆

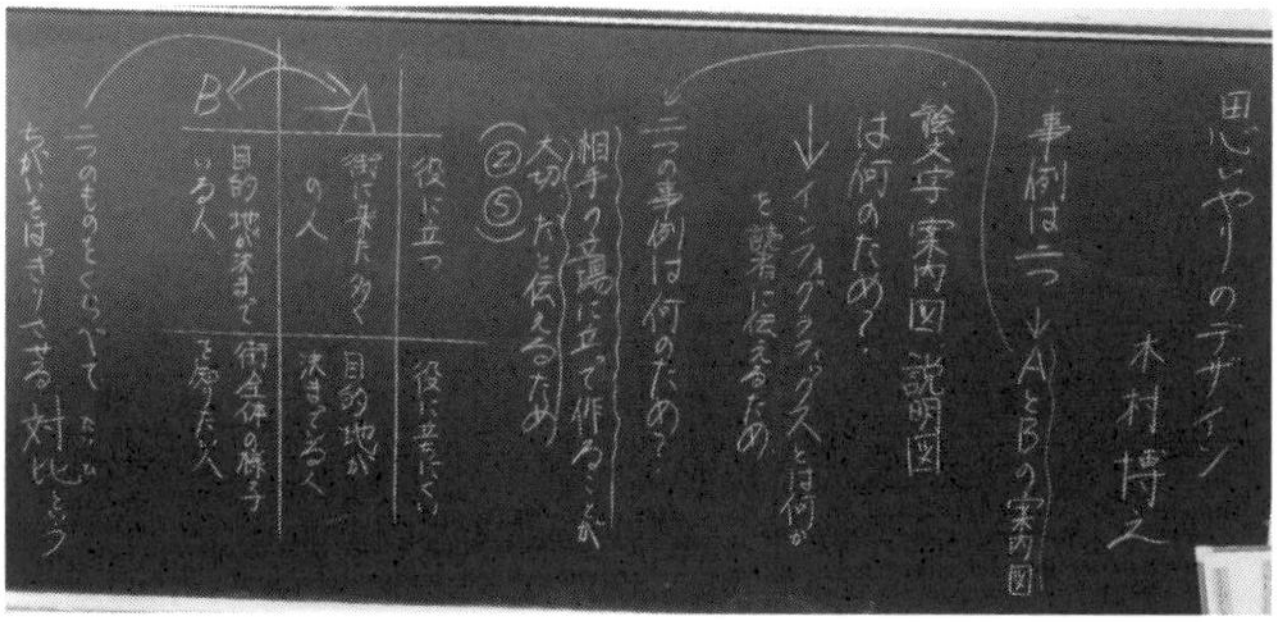

とペンを対比してみて。」などと、他の具体例を教師が提示し考えさせると、子ども達はより「対比」に対する理解を深めることができるのでおススメです。

○第二時　「アップとルーズで伝える」の題名読みをし、内容の大体を掴む

ここでも題名読みから入るとよいでしょう。子ども達は既に「対比」を学習していますから、「アップとルーズを対比していると思う。」などという予想も出されるでしょう。

通読後は、文章を概観していきます。「問い」を掴ませたり、各段落を「アップかルーズか」という観点で簡単にまとめていったりするとよいです。

筆者が一番伝えたいことは何か、ということもここで確認しておきます。なかなか子ども達が気づけない場合、「アップのことだけを伝えたいのかな、それともルーズのことだけを伝えたいのかな。」と、ゆさぶるとよいです。すると、「どちらも伝えたいはず！」となり、消去法的に3段落や8段落に注目していくようになります。（ここで筆者が一番伝えたいことを「主張」ということを指導しておいてもよいと思います。）

最後に、なぜ筆者が主張を二回書いたのかについて考えさせていきます。もちろん答えが書いてあるわけではありませんが、子ども達は筆者になりきって、筆者の気持ちを推測し代弁します。こうした、筆者の気持ちになる、

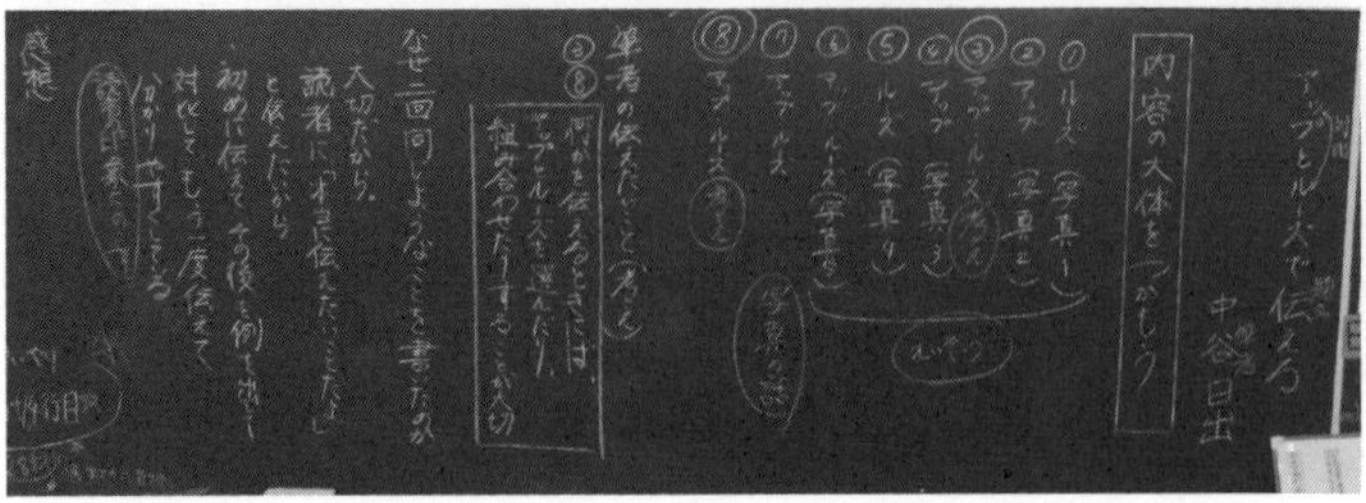

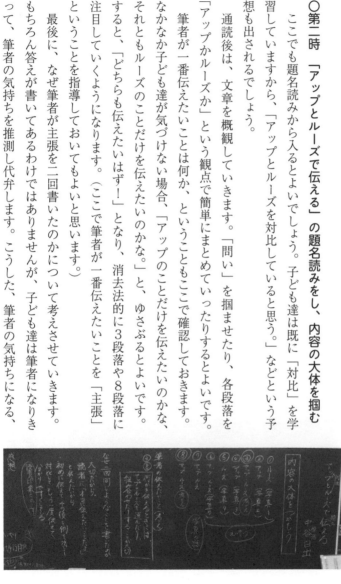

という経験は、自分が説明文を書くときにおおいに生きます。

○第三・四時　アップとルーズの対比を読み取り、疑問やみんなで話し合いたいことを出し合う

ここでは、アップとルーズの対比を「長所と短所」という観点で整理していきます。

板書右半分は、毎回前時の復習です。少しずつ、前時のことを踏まえてレベルアップしていっているのが分かると思います。一度指導しただけでは全員は理解できなかったり忘れたりしてしまいます。だから、毎時間のはじめに復習をしてしっかり基盤を固めていくのです。「1段落はアップ？　ルーズ？　分かる人？」と聞いていくだけです。全員挙手できます。

対比的に説明を始めているのは④からです。①〜③は③で問いが出されているからです。

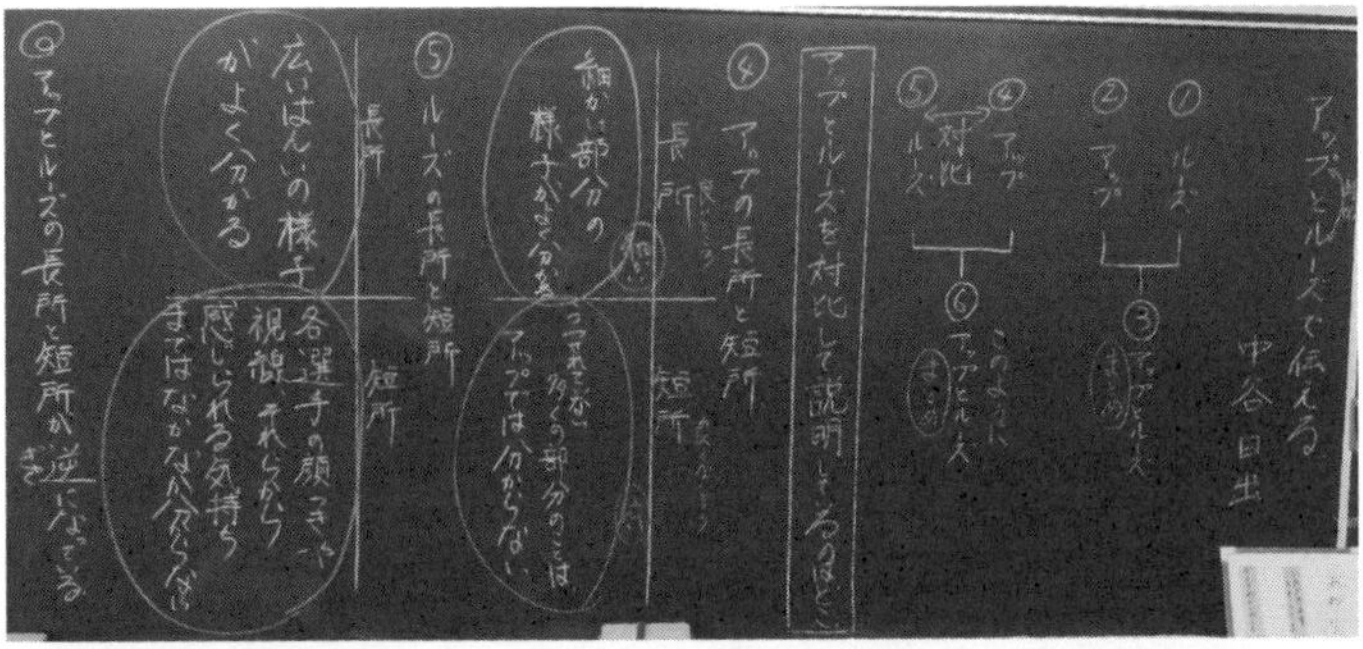

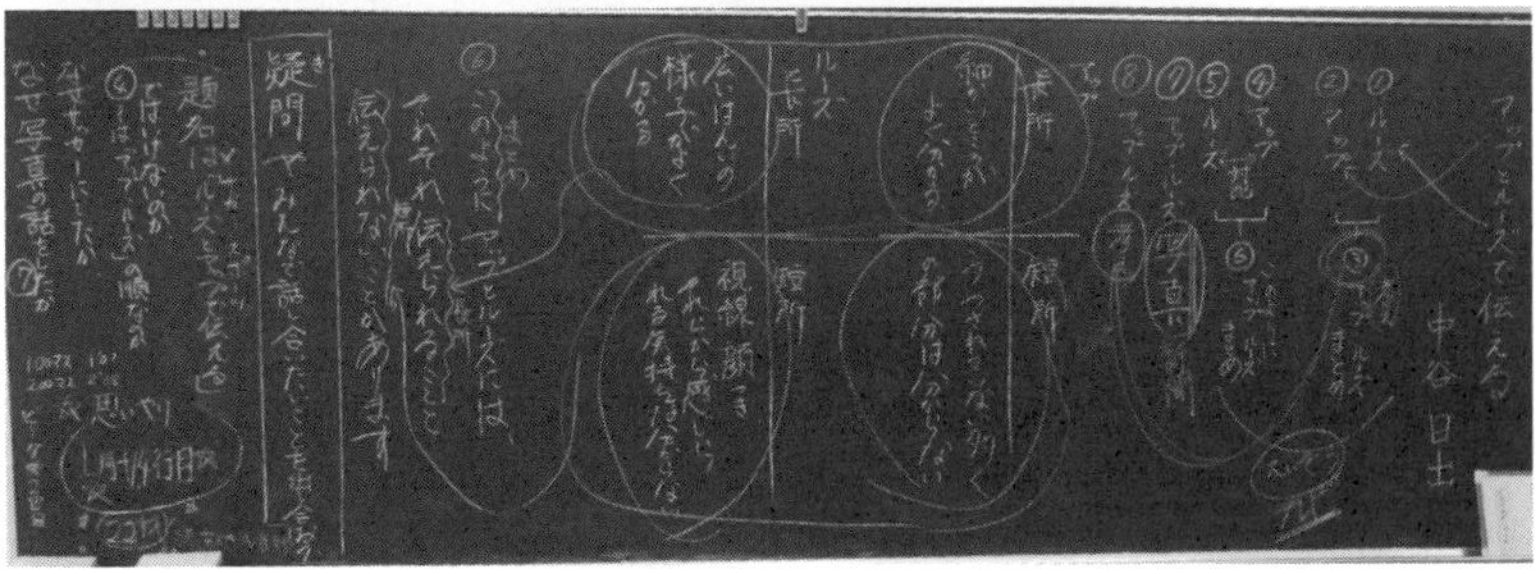

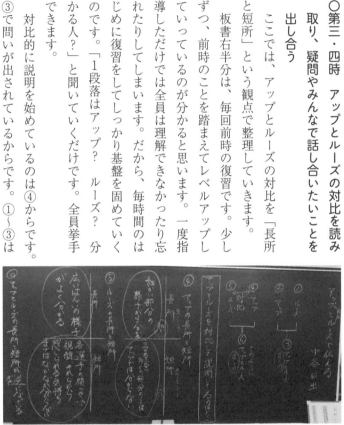

アップとルーズの紹介程度です。このことにも子ども達に気づかせたいところです。

④⑤の対比的な説明は表にまとめるのが最も分かりやすいと思います。板書では色を使うなどして、アップとルーズの長所と短所とが逆になっていることを可視化するとよいでしょう。また、⑥で「このように～」の文があり、これが④⑤の「伝えられること（長所）」と「伝えられないこと（短所）」と対応していることも押さえておきます。

最後に、ここでは疑問や話し合いたいことを出させることにしました。子ども達と何度も文章の構造について確認してきている間に、「最初はアップじゃなくてルーズかぁ。」とか「なんで写真の話もあるのだろう。」などというつぶやきが出ていたからです。子ども達からは、「ルーズ、アップ、アップ、ルーズという順なのか」「なぜ⑦で写真の話も出したのか」などが出されました。実態に合わせて子ども達から問いを出させてみましょう。

○第五時　アップとルーズの順番について考える

子ども達から出されたアップとルーズの順番について考える時間です。「なぜルーズから出されたのか」という点については、あまり深追いしない方がよいでしょう。テレビの放送を一緒に見ている感じで説明した、という具合でよいと思います。

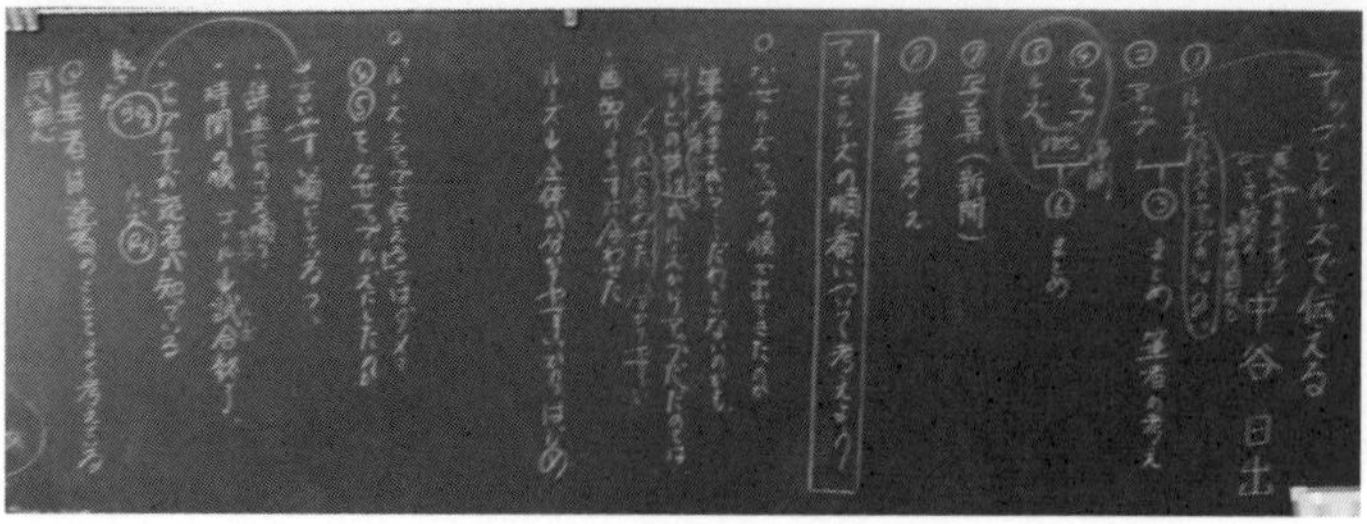

「ルーズとアップで伝える」ではダメなのか、という話題に関しては、筆者の説明の工夫でもあるので、しっかり話し合うと面白いです。「アップ」の方が「ルーズ」よりも一般的であり、読者にとって身近なのです。だからこそ、①②ではルーズ、アップの順であったものを④⑤であえてアップ、ルーズの順に整えたのです。

子どもから、「アップの方が読者が知っている。」と出されたら、「本当かな？　どうやったら確かめられる？」などとゆさぶれば、子どもは、「みんな！　アップの方を知っていたよね⁉　知っていた人？」と挙手を求め、アンケート調査をしようとする子も現れます。読者が分かりやすいように、みんなが知っている方から出した、つまり「ルーズとアップで伝える」ではダメ、と確認して終えます。

○第六時　7段落の意義について話し合う

子ども達からこの問いが出てきていない場合は、「7段落はサッカーの試合の話ではないから、いらないよね。」とゆさぶるとよいでしょう。ここでは、映像の事例だけでなく、写真の事例も出すことで事例を増やして説得力を高めたということを押さえたいところです。映像をテレビ、写真を新聞と言い換えると、さらに話をメディア論の範囲まで広げることができます。

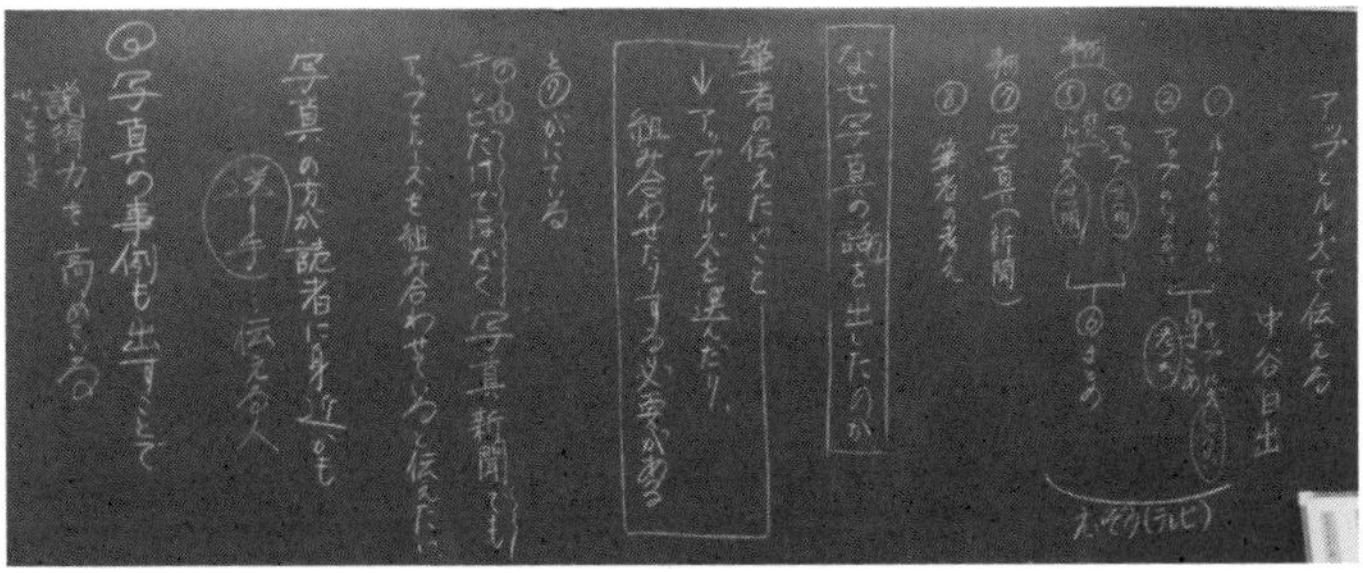

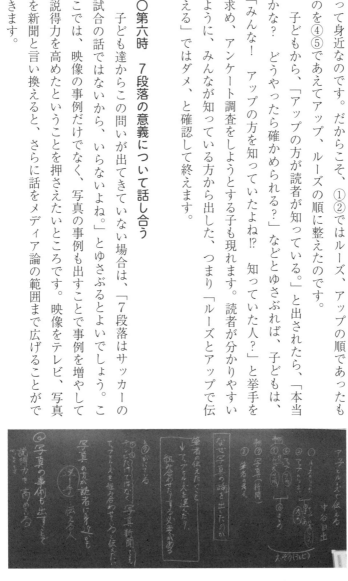

○第七・八時　二つのものを対比する説明文を書き、読み合う

最後に、学習した「対比」という筆者の書き方、物の見方・考え方を活用して、子ども達なりに対比する文章を書きます。はじめに文章構成を考えさせ、その後文章を書かせるようにするとスムーズです。子ども達は、自由なテーマで文章を書けることに新鮮さを感じ、本当に嬉々として取り組みます。端末で書かせてもよいと思いますが、まだ導入当初で日も浅かったため手書きで書かせました。

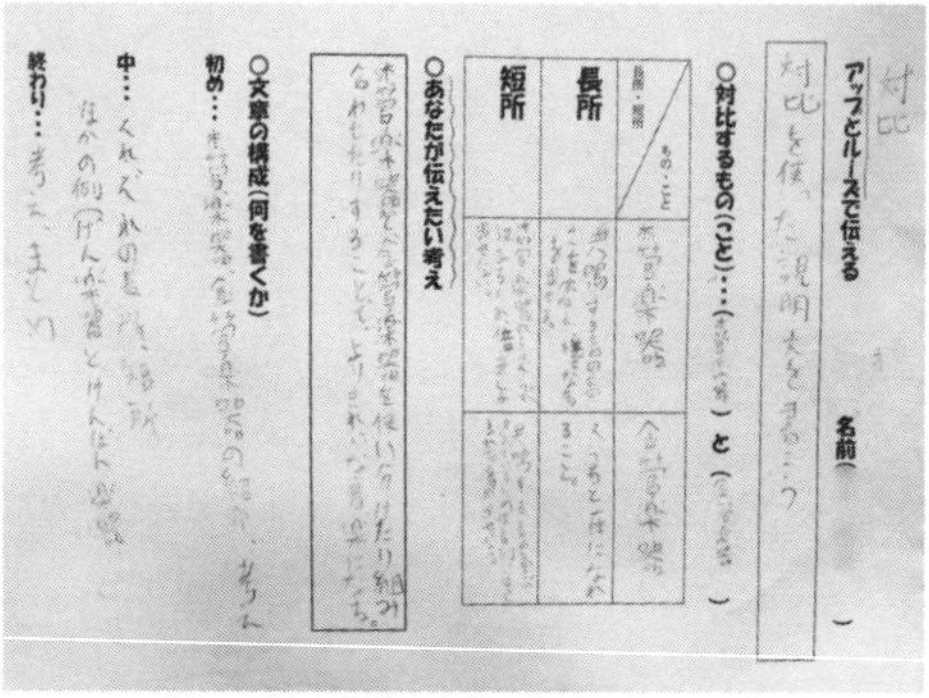

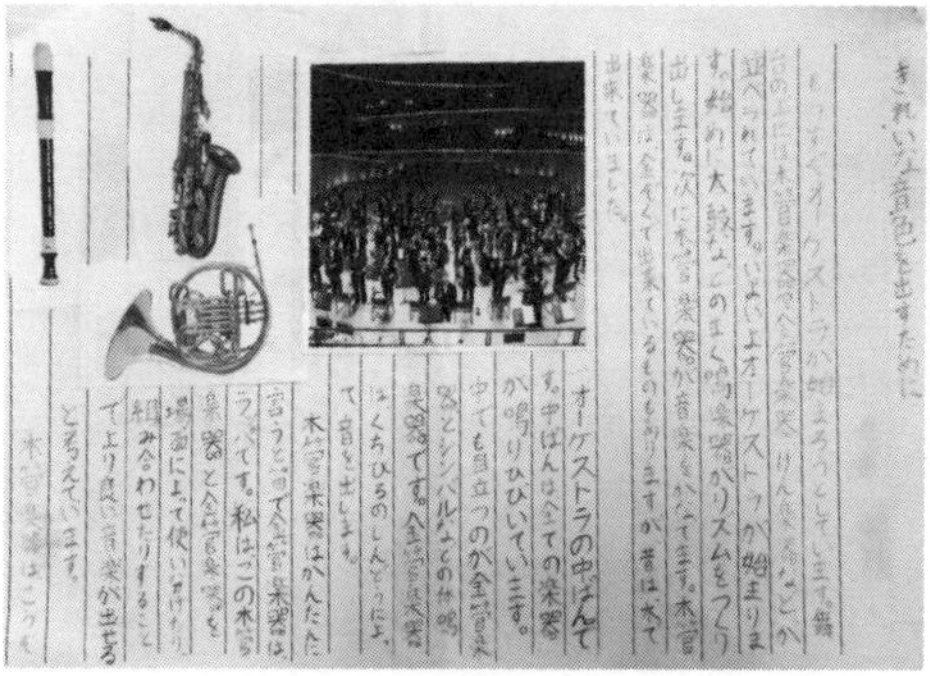

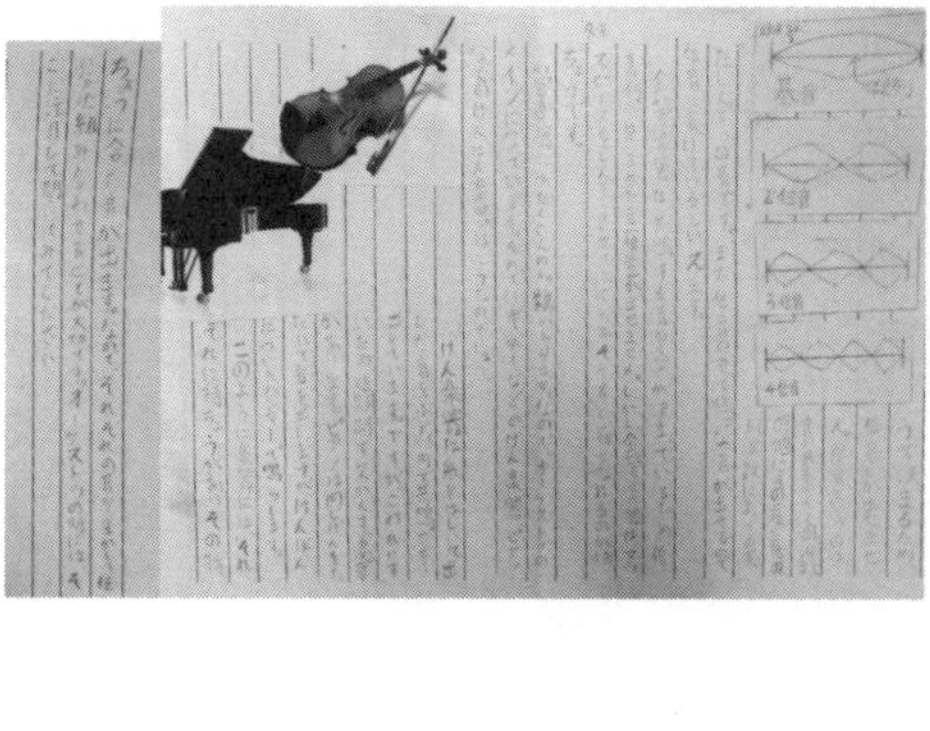

②「世界にほこる和紙」の指導

○単元の流れ　（　）内は主な発問

①題名読みをする。通読し、感想を伝え合う。（題名からどんな内容だと予想できるかな。）
②既習事項をもとにしながら、文章の大体を掴む。（初め・中・終わりに分けよう。）（中を二つに分けよう。）
③中を詳しく読む。（それぞれの段落にどんなタイトルをつける？）
④文章の構造を確かめ、要約する。（絶対に外せない言葉は？）
⑤和紙の何が最も世界に誇れるのかを考える。
⑥～⑯伝統工芸に関する本などを読んで調べ、それをつくったり使ったりしてきた昔の人々の心などに触れながら、紹介する文章を書く。みんなで読み合い、感想を伝え合う。

○単元のねらい

・スラスラと音読することができる。
・目的を意識して、中心となる語や文を見つけて要約することができる。

○第一時　題名読みをし、感想を伝え合う

ここでも、題名読みから入りましょう。しっかりと、どの言葉からどんな内容を、なぜ予想できたか、主張と根拠と理由を語らせることで、言葉を拠り所とした授業をつくることができます。

筆者は和紙について「すごい」「誇らしい」と考えているであろうことを押さえ、初読に入ると、「和紙のどんなところをすごいと思っているのだろう」と自然と課題意識を持ちながら読むことができます。この課題意識は第五時の話し合いまで継続します。

初めて読んだ感想は、「内容面」「説明の仕方の面」の二つに分けて書かせ、出させると話がごちゃごちゃにならずに済みます。

○第二時　既習事項をもとに文章の大体を掴む

「初め・中・終わり」「筆者の考え（主張）」などの既習の学習用語をもとにしながら、文章の大体を掴んでいきます。この文章では、そこまで意見が割れないと思いますが、「初め・中・終わり」に分ける活動では、意見が割れてしまうことがあります。

それについてずっと話し合っていてもらちが明かず、その先に大きな学びもないので、そういう場合は教師がある程度出て説明して理解させることも必要だと私は思います。一般的に「中」から事例の説明です。「初め」や「終わり」には考えやまとめが示されることが多くなっています。抽象度でいうと「抽象—具体—抽象」となっていることがほとんどです。このあたりを「まず（事例の一つめだということが示唆される）」や「このように（まとめていることが示される）」といった接続詞と絡めて説明する

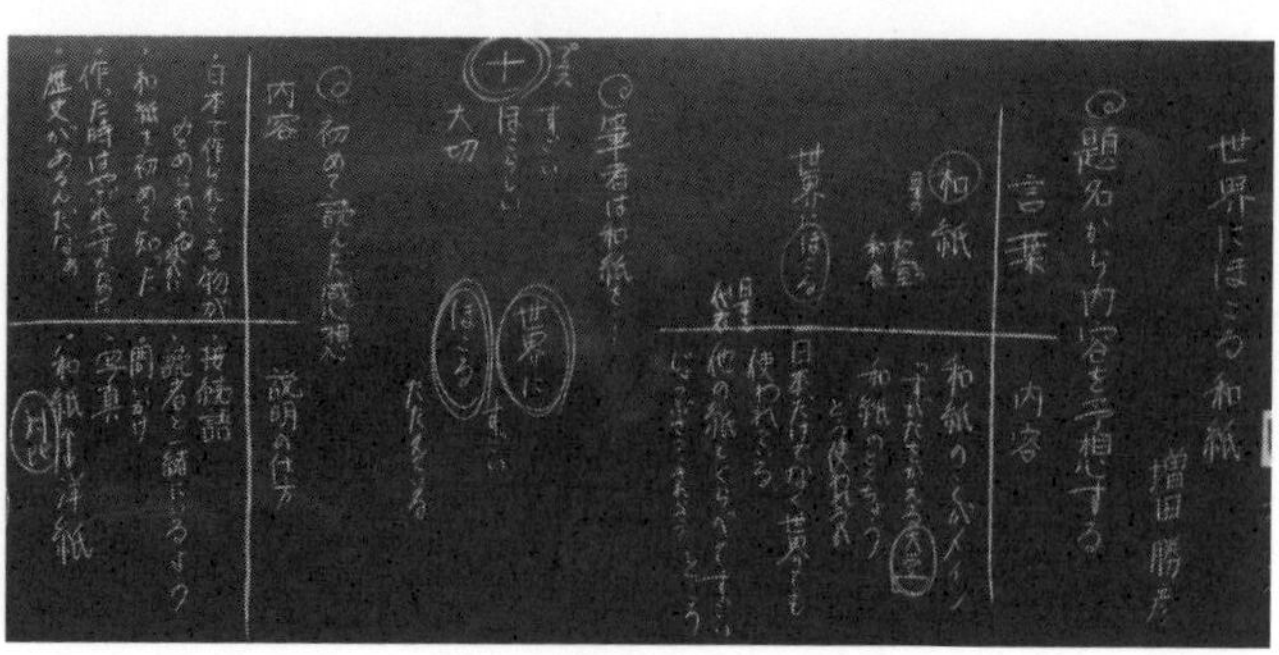

と分かりやすいでしょう。あくまでもこのあたりが子どもから出されるのがベストですが、出てこず話し合いが右往左往している場合は、教師から指導しましょう。

　また、この時間では「中を二つに分けるとしたら……？」と発問して考えさせます。ここでも、「中はいくつに分けられるかな。」と発問する手もありますが、これだと意見がバラバラになりすぎて話し合いがかみ合わず、進まないことがあります。はじめから「二つ」と指定することで、話があちらこちらに行ってしまうのを防げます。

　話がごちゃごちゃしてくると、子どもの頭の中もごちゃごちゃしてきてしまいます。本時のねらいは「初め・中・終わり」や「中を二つ」に分けることを通して、文章の大体を掴むことです。話し合わせていて子どもの頭の中がごちゃごちゃになってしまったら、本末転倒です。本来の目的を見失わずに、適宜教師が支援したり、指導したりしていきたいところです。

○第三時　中を詳しく読む

　文章全体のおおまかな内容、構造を掴んだうえで中を詳しく読

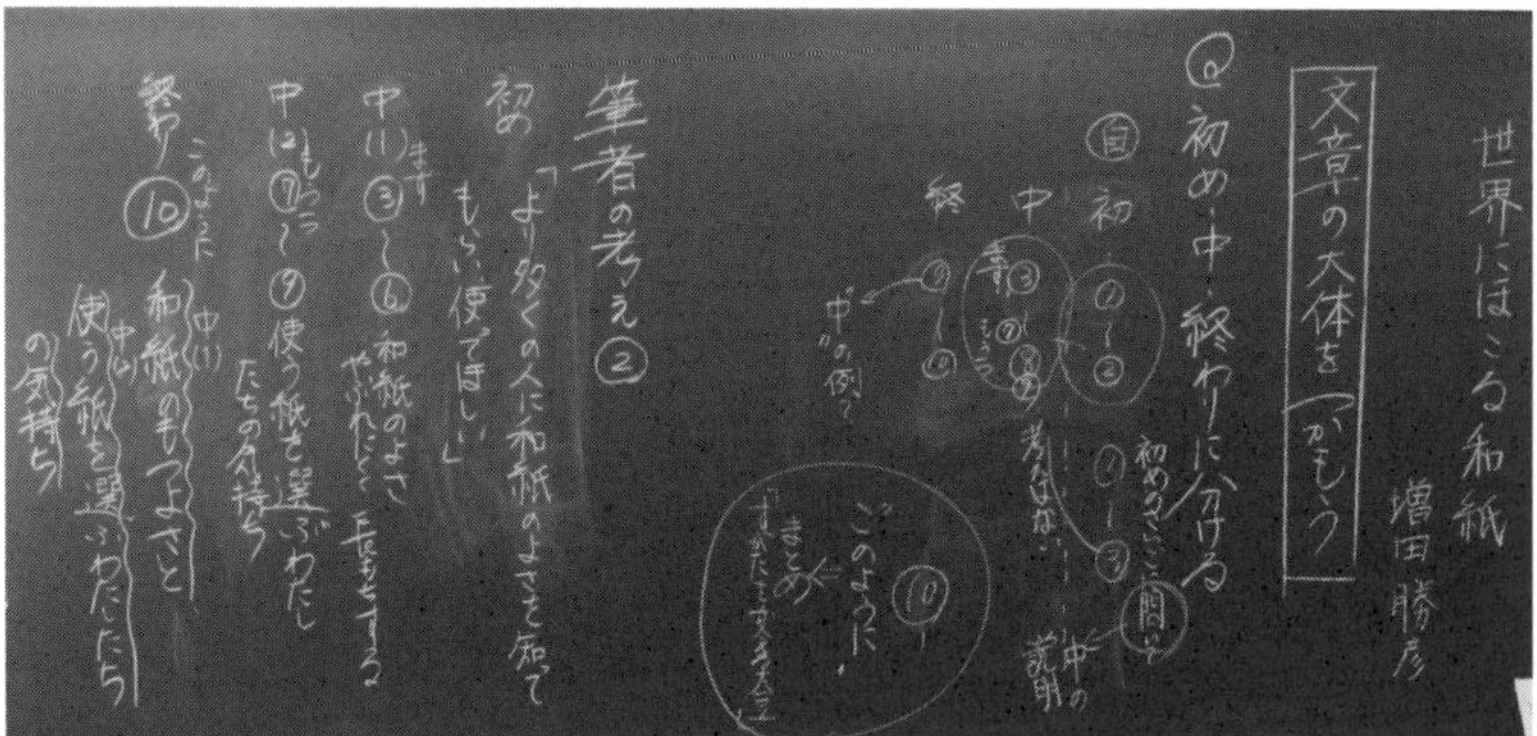

んでいきます。中は最も具体的に詳しく説明されている箇所であり、筆者の主張がいかに正しいかを読者に示すうえで、最も重要な箇所です。

中は具体的なデータや情報などが述べられており、読んでいて一番面白いところでもあります。子ども達は、その面白さに引っ張られ、文章全体の中でのその部分の役割などを見失いがちです。したがって、ある程度冷静に読ませる必要があります。それが本単元の中心的な指導事項である要約につながっていくからです。

ですので、ここでは中の各段落にタイトルをつけさせる活動をします。すると、その段落の面白さだけでなく、文章全体の役割にも注目することができます。すると、③二つの特徴、④やぶれにくさの説明、⑤長持ちすることの説明、⑥やぶれにくく長持ちしやすい具体例、といった具合に、各段落同士のつながり（どれがまとめでどれが例か、など）も見えてくるでしょう。

○第四時　要約する

要約に関しては、3年生で学習しています。ここでは、ぜひ数種類の文字数でまとめる、という課題に挑戦させてみましょう。

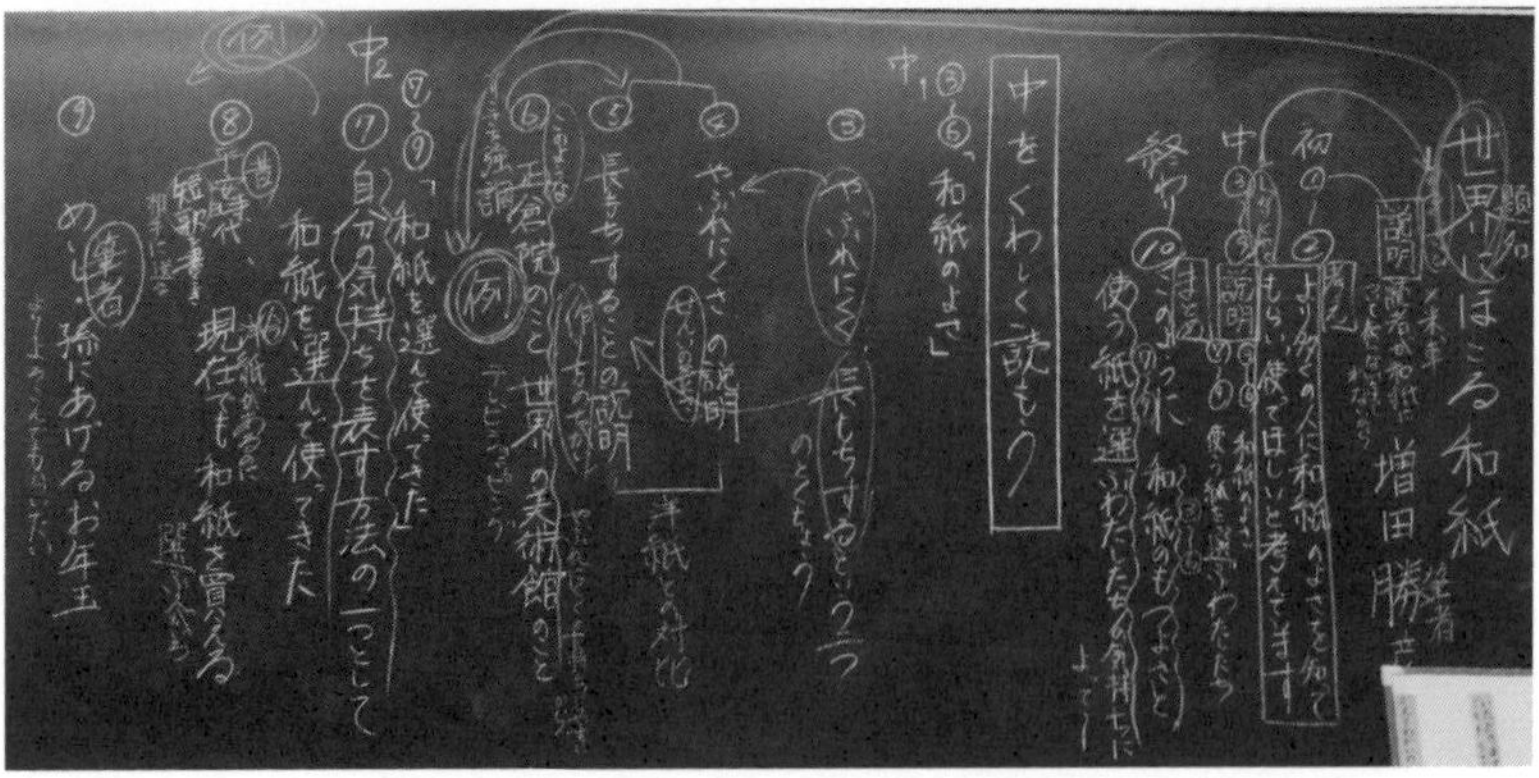

私の場合は、実際に自分が書いてみて八〇字、一〇〇字、二〇〇字の三種類のコースをつくりました。二〇〇字からやらせて、私に見せて合格した子は一〇〇字や八〇字でもまとめさせました。

子ども達には、「要約って、この説明文を読んでいない人に、『どんな話なの？』と聞かれたときに短く説明することです。そのときに、『一言で教えて』と言われるか『もっと詳しく教えて』と言われるかで、説明の長さは違うよね。そうやって自分で長さを変えられたら、この文章をよく理解できているということだよ。」と説明します。

実際に要約させていくときには、「筆者の考えは絶対に外してはいけないこと」をしっかり押さえておけば、子ども達が文字数に合わせて抽象度や具体度をコントロールしながら書くことができます。

○第五時　和紙の何が最も世界に誇れるのかを考える

この説明文の中には、和紙の素晴らしい点がたくさん出てきます。やぶれにくいこと、長持ちすること、気持ちを表す方法の一つであること、などです。

文章中に明確に書いてはいませんが、これらの中でどれが最も根本的であり、「世界に誇れるのか」ということまで考えることができて

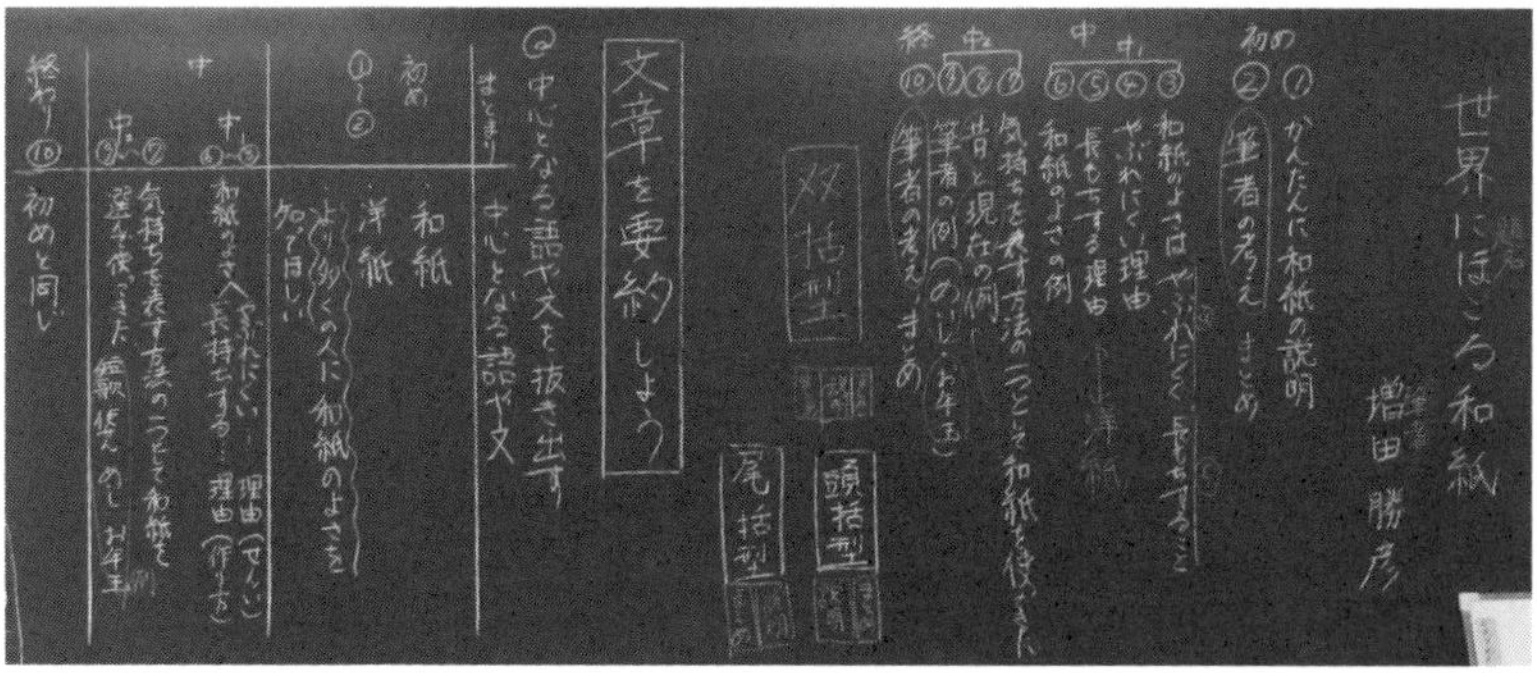

こそ、この説明文を本当の意味で「読む」ことができたと私は思います。この問いは、初読から一貫しています。子ども達は、意見を出し合った後、絞っていき、最終的に「そもそも和紙の風合いを美しいと感じ、使ってきた日本人の心がなければ、和紙はなくなっていたはずだ」と考えをまとめました。ここで「それを使ってきた人々の心」を読み取り考えたことが、次時以降の、伝統工芸を紹介する文章を書く際に生かされます。これがないと、単に伝統工芸の特徴について調べてまとめて終わりになってしまいます。この時間こそが、次時以降の肝となるところでしょう。

○第六～十六時　伝統工芸について調べて紹介する文章を書き、読み合う

前時を振り返り、単に伝統工芸について紹介するだけでなく、人々の心にも触れられるように、ということを押さえて書かせるとよいでしょう。ここでも紙幅の都合上、一例を示すにとどめます。端末で書かせました。（実物には写真が豊富につけられていますが、ここでは泣く泣くカットしています。）

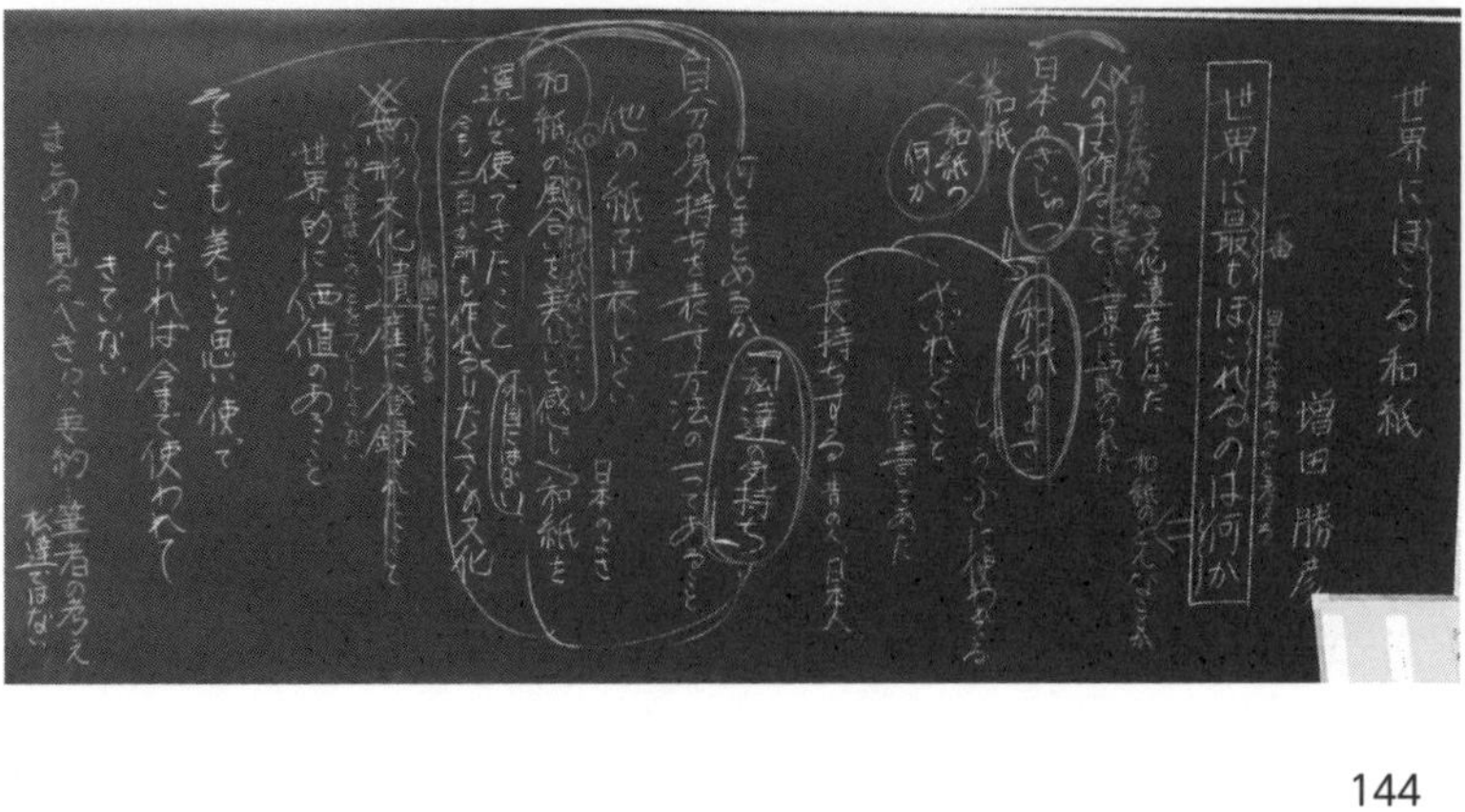

人々の思いが詰まった遊山箱

皆さん、遊山箱というものをご存知でしょうか。遊山箱は、徳島県で作られ、杢張りを生かした木工細工の三段弁当です。毎年、徳島県の人々は、春になると遊山に行き、この遊山箱を使っていたのです。この頃、遊山箱をあまり見なくなりましたが、遊山箱を使った人々の大切な思いが、今でも残っているのです。

私は、遊山箱を皆さんに、自由に使ってほしいと考えています。そして、遊山箱を大切に使ってきた人々の思いを皆さんに受け取ってほしいのです。なぜなら、徳島県の人々は、皆さんにも遊山箱を使ってほしいと考えていると思うからです。

私が、皆さんに伝えたいことは、主に二つあります。

はじめに、「使い方」です。遊山箱は、毎年春の3月3日に巻き寿司などのごちそうを入れて、山や海に行く習慣がありました。遊山箱がからになると、また、近所で中身を入れてもらっていたそうです。

ですが、私が言いたいことはこのようなことではありません。私が皆さんに伝えたいことは、「使い方は自由」ということです。例えば、お誕生日のときに遊山箱を使ったり、お正月に使ったりもします。中には「もう使わないけど、遊山箱は大切なものだから、子供のおもちゃに使おうかな。」という人もいます。遊山箱は、地域により、使い方が変わるところもあります。そして、遊山箱は、多くの人に親しまれ、自由に使われ続けてきたのです。

もう一つは、「人々の思い」です。遊山箱は、誰もが持っていました。そして、徳島県の人々は、3月3日に「遊山する。」と言います。この呼びなれた感じから、遊山が楽しみというのが伝わってきます。そして、遊山箱の話をすれば、多くの思い出話がたくさん出てきます。もしかしたら、この3月3日が誕生日より楽しみだった人もいるかもしれません。

遊山箱は、大正時代からありました。しかし、大正時代に作られていても、ちゃんとしっかりした木箱でした。今でも、江戸のものもあります。徳島県の人々が遊山箱を大切にしている事が伝わってきます。この頃、遊山箱を目にすることが少なくなりました。そう、遊山箱を使う人が少なくなったのです。だけれども、人々の大切にしている思いは変わらないのです。
私は、春のひな人形を飾るとき、遊山箱も一緒に飾ります。3月3日は、ひな祭りの日でもあり、遊山をする日でもあります。なので、この遊山箱を春に飾っています。

このように、遊山箱は自由に使われており、今でも、人々の思いがこの箱に詰まっていると私は考えています。徳島県の人々が、毎年楽しみにしていた3月3日。今では、遊山箱を見かけなくなりましたが、遊山箱への人々の思いは、いつまでも変わらないと私は思います。遊山箱は、徳島県の人々にとって大切なものです。皆さんも、遊山箱を使ってみてください。

（参考　美しい生活道具「遊山箱」（アクセス日：二〇二一年十二月十五日））

③「ウナギのなぞを追って」の指導

○単元の流れ　（　）内は主な発問

①学習の見通しを持つ。題名読みをし、感想を交流する。（「興味を持ったこと」って何だろう。）
②中の構造を掴む。（中を二つに分けるなら？）
③④中の内容を読む。（各段落にタイトルをつけるなら？）
⑤⑥興味を持ったことに沿って大切な語や文を抜き出す。
⑦⑧教材文を紹介する文章を書き、読み合う。

○単元のねらい

・スラスラと音読することができる。

・文章を読んで感じたことや考えたことを共有し、一人一人の感じ方などに違いがあることに気づくことができる。
・目的を意識して、中心となる語や文を見つけて要約することができる。

○第一時　学習の見通しを持つとともに、題名読みをし、感想を交流する

題名読みに入る前に、興味を持ったことを中心に要約することを知らせておきます。この際、「興味を持ったこと」とは、どんなことなのかを押さえておきます。子ども達に伝わりやすい言葉で、「自分がすごいなぁ、面白いなぁと思ったこと」などと伝えるとよいでしょう。

その後、題名読みをします。必ず言葉を拠り所に内容を予想させるようにします。

最後に、感想を交流します。内容面と、書かれ方の面の二つで感想を書かせて言わせるようにします。今まで読んできた説明文と少し違い、情景を表すような表現をして、臨場感溢れる文章になっていることなどに気づけるとよいでしょう。

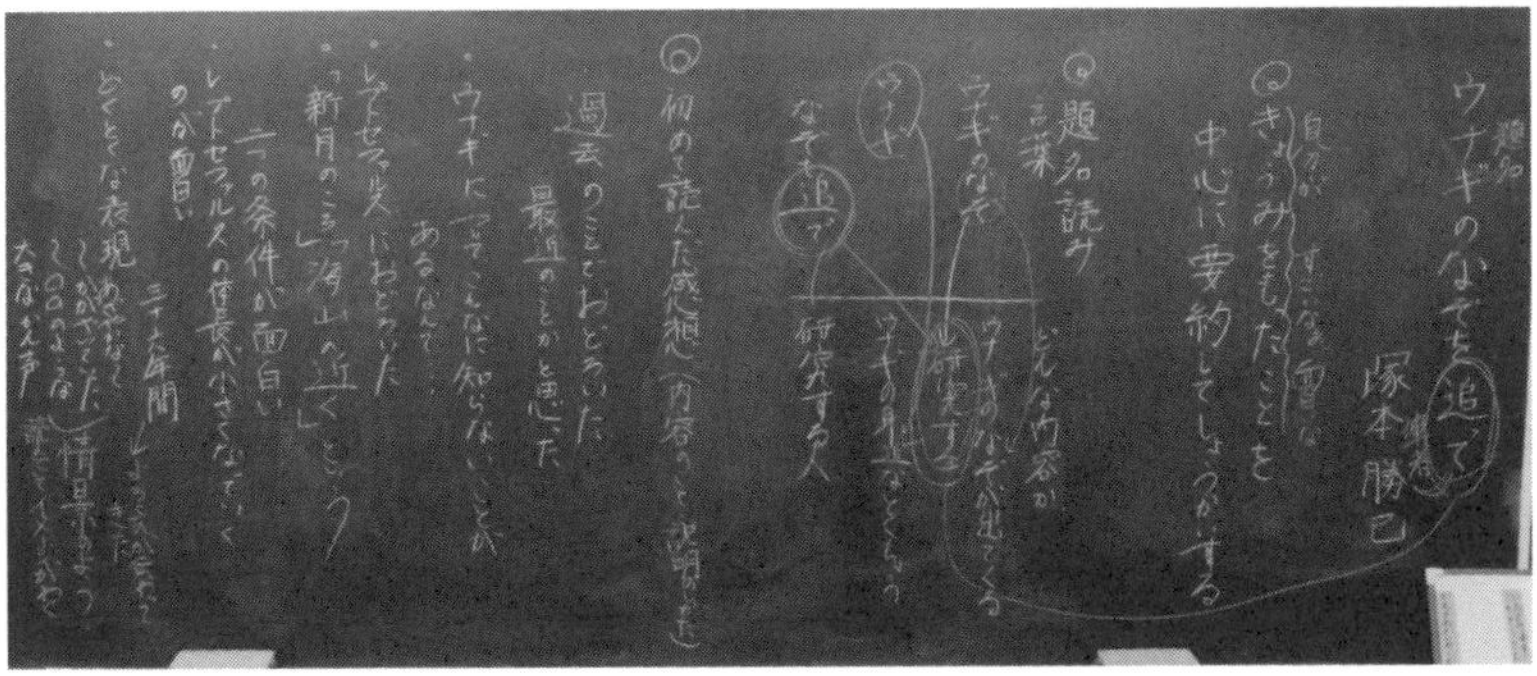

○第二時　中の構造を掴む

ここでは、中の概要を掴みます。この文章では、初め・中・終わりの間に一行あいており、その分け方について議論になることはありません。また、肝心の調査内容はすべて中に書かれています。他の説明文でも、中が一番分量も多く読み取りのうえで重要ですが、この文章では、中がほとんどすべてといっても過言ではありません。

まずは、この時間は中の概要を掴むため、中を二つに分けさせます。中を二つに分けるということ自体が目的なのではなく、二つに分けようとすることで、自ずと文章を俯瞰的に見ることができるというところが重要です。

④～⑦でより小さなレプトセファルスを追い求めています。そして、その後の⑧～⑫でそれまでの調査を一旦整理し、予想を立てたまごを産む場所を本格的に探しています。⑧で④～⑦の調査を一旦整理しているところから、ここで二つに分けられるということに子ども達は気づくことができるでしょう。その後、⑧と⑨で二つの予想が出てきますが、これらの予想を合わせて調査したたまごの発見に至ったことから、⑧と⑨はつながっていることなども見えてきます。

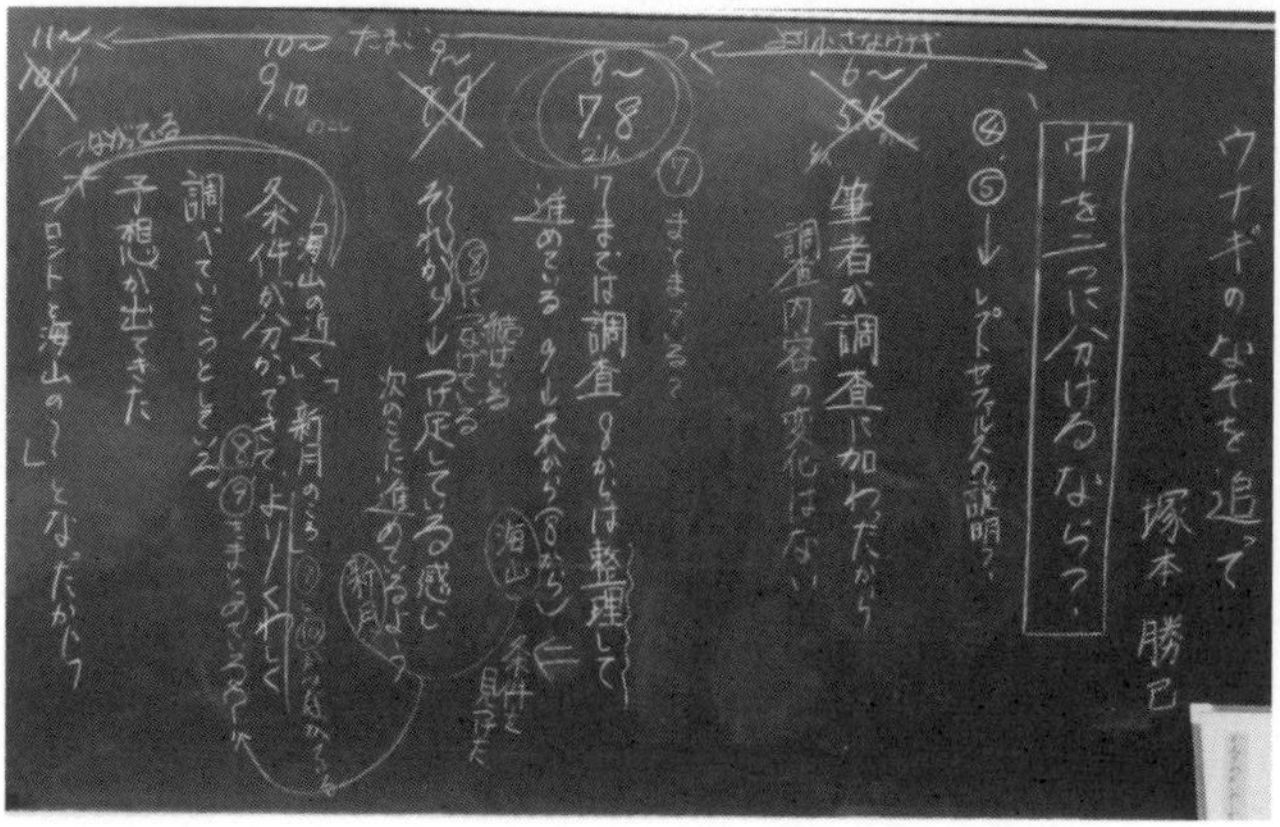

このようにして大きく二つに分けるだけでも、子ども達の頭の中はずいぶんとスッキリしてきます。なぜなら、分けたことによって、逆にその部分と部分との違いや、部分内でのつながりが見えてくるからです。「分ける」ことで、「分かる」のです。

○第三・四時　中の内容を読む

前時で中の構造を把握しました。ここでは、もう少し詳しく各段落の内容や役割について読み取っていきます。

ここでも、「世界にほこる和紙」と同様、各段落に簡単にタイトルをつけさせます。タイトルをつけるということは、端的な言葉でその段落の内容を表すことになるので、その段落には「説明」がされているのか、それとも「結果」が書かれているのか、または「予想」が書かれているのか、ということなどを考えることになります。

子ども達の実態に合わせて、これら「説明」「結果」「予想」など、タイトルの末尾の言葉の選択肢を与えるなどするとよいでしょう。そうすると子ども達はタイトルをつけやすくなり、文章の読み取りが捗ります。

また、子ども達の内容理解が甘いと見られる場合は、図表を作り

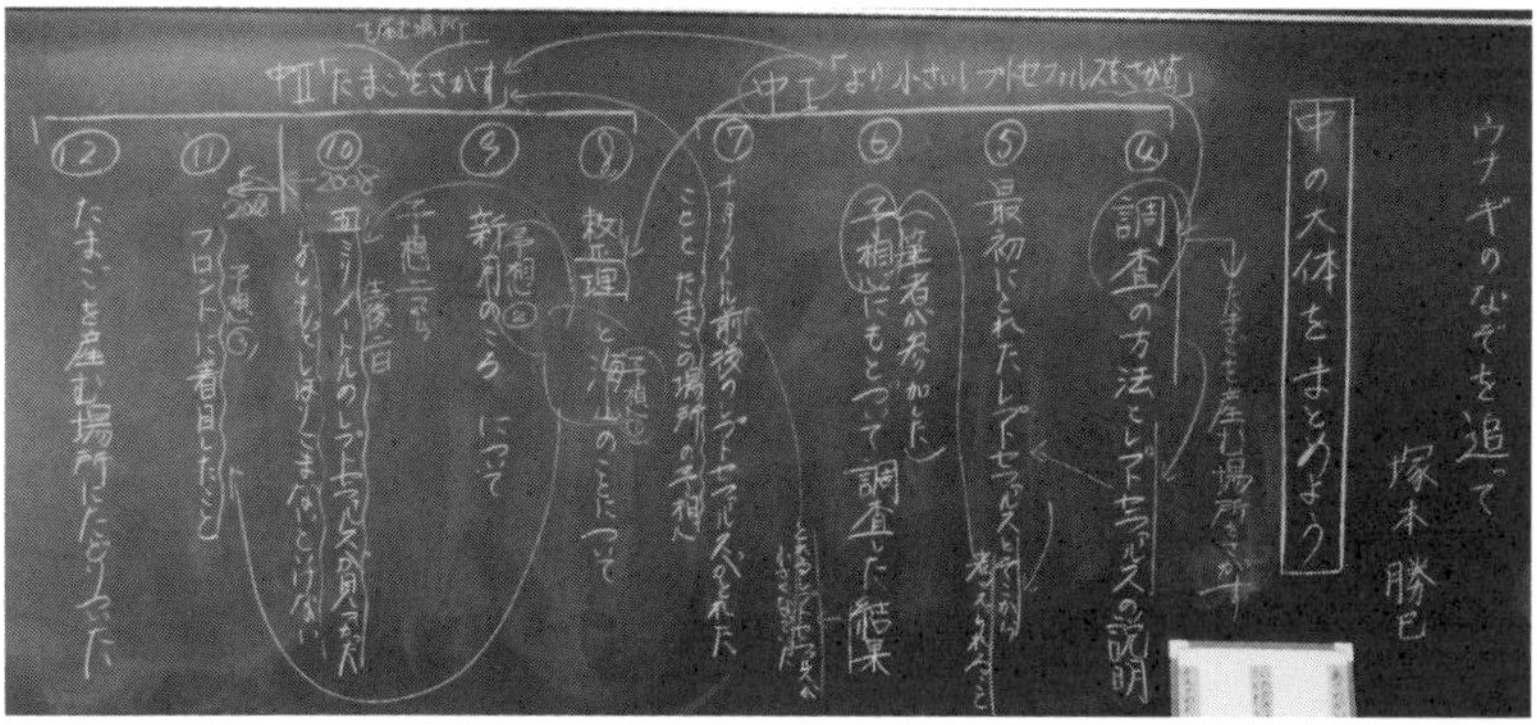

替えたものを示し、「どちらが間違っている？」などと発問すると、効果的です。この際、教科書は閉じさせ、当該段落の文章だけを端末で送るなどして、それを読ませながら考えさせるとよいでしょう。子ども達は、文章の言葉を頼りに、必死に間違い探しをします。子ども達は間違い探しが大好きです。本実践の内容及び効果について詳しく知りたい方は拙論（2019）をご覧ください。

○第五・六時　興味を持ったことに沿って大切な語や文を抜き出す

　興味を持ったことに沿って大切な語や文を抜き出す時間です。次時からの要約文を書く学習につながるので、重要な時間です。

　子ども達に、自分が何に興味を持ったか出させます。前時までは、子ども達全員と一緒に読み取ってきましたが、ここからは、一人一人の興味を持ったことに沿ってノートや端末に言葉や文を抜き出していくので、個別の学習になっていきます。

　とはいえ、いきなり「じゃあやってみて。」と解き放ってしまってはできない子もいるので、板書のように、丁寧にやり方を示します。興味を持ったことに沿って抜き出す、というのはどういうことかを説明します。ここでは、「長い年月がかかったこと」に興味を持ったと仮定し、

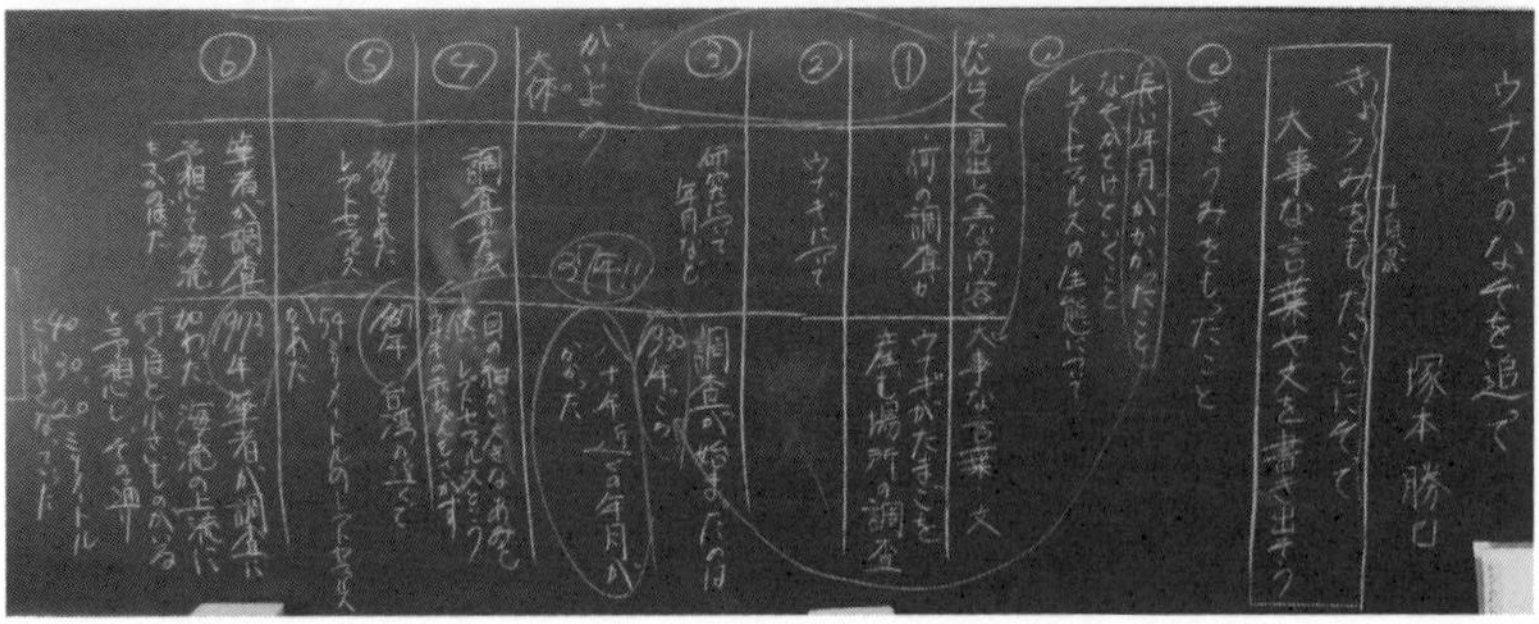

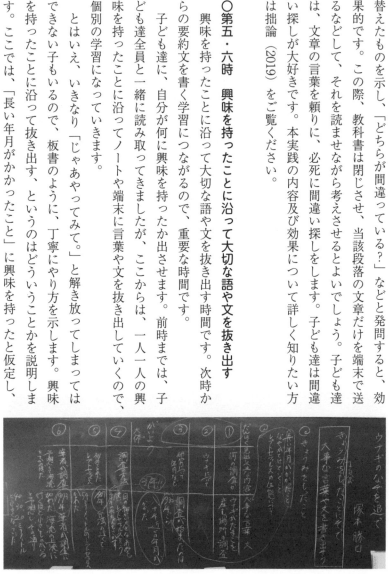

年月に関わる言葉や文を拾っていく様子を例示しました。

○第七・八時　教材文を紹介する文章を書き、読み合う

前時までに抜き出した言葉や文を使って、文章を要約し、紹介する文章を書きます。自分が何に興味を持ったのか、もう一度確かめてから書かせるのがポイントです。ここでは、興味の違いによる要約文の違いを示すため、子どもが書いた二つの例を紹介したいと思います。

①研究の手法に興味を持った子の要約文

「ウナギのなぞを追って」は、マリアナ海に行き、手がかりとなる条件を突き止めていきながら、ウナギがたまごを産む場所を探して行く話です。この調査は、一九三〇年頃から始まり、ウナギがたまごを産む場所が突き止められるまでに八〇年近くの年月がかかったのです。ぼくは、条件を見つけていき、ウナギがたまごを産む場所がどんどん絞り込まれて行くところに興味を持ちました。

ウナギの稚魚はレプトセファルスと呼ばれ、透明で柳の葉のような形をしています。このレプトセファルスが初めてとれたのは一九六七年の台湾近くの海で、体調は54㎜でした。なので、たまごを産む場所は北赤道海流をもっとさかのぼった先にあると考えられました。

そして、海流をさかのぼって行くと、予想通り20㎜まで小さくなり、ついには、10㎜まで小さくなりました。

しかし、3つの海山の連なりをこえると、レプトセファルスは全くとれなくなってしまいます。そこで、調査グループは親ウナギがたまごを産むときに、この海山が何かの役に立っているのかもしれない、と考えました。これが、第1の条件、「海山の近く」です。

それから、とれたレプトセファルスの誕生日を計算すると、多くの誕生日が新月の日前後に集まっていました。これが、第2の条件、「新月の日前後」です。

ですが、親ウナギがたまごを産む場所は、さらに狭い範囲に固まっているので、生まれてすぐのレプトセファルスも、たまごもとれないことが何年も続きました。

そこで、調査グループはフロントとよばれる、塩分の濃さが異なる海水の境目に着目しました。理由は、生まれて間もないレプトセファルスはフロントのすぐ南側でとれていたからです。これが第3の条件、「フロントの中」です。

3つの条件をまとめると、もしかしたら親ウナギは、「新月のころ」に「フロントと海山の連なりが交わる地点」でたまごを産むということになります。そう考えて、調査グループは、調査を続けました。

そして、二〇〇九年、新月の2日前の明け方、ついに、ウナギのたまごらしいものが2つとれたのです。詳しく調べると、これらはたしかに、ウナギのたまごに間違いないことがわかりました。

ぼくはこの話を読んで、研究をするときなどに、その目指しているものだけを見てしまうと、行く先もなくさまよってしまうので、その謎を解明するためには、どんなことが分かればいいのか、そうやって考えながら調査などを進めていくのがよいことを学びました。そういうやり方で「ウナギのなぞを追って」は書かれていて、ウナギのなぞについてだけでなく、効率的な方法についても書かれていて、面白いと思いました。

②筆者の諦めない姿勢に興味を持った子の要約文

「ウナギのなぞを追っては」ウナギが卵を産む場所を八〇年近く調査し、レプトセファルスというウナギの赤ちゃんのなぞを解いていく説明文です。私はこの説明文は、冒険のような経験だなと思いました。この冒険のような経験をした、ウナギの研究者、筆者の塚本勝己さんは一九七三年に調査に加わりました。

一九三〇年頃にウナギの卵を産む場所を見つける調査が始まりました。レプトセファルスは、透明で柳の葉のような形をしてます。このレプトセファルスを大きなあみでとるのです。

レプトセファルスが一番最初にとれた場所は、一九六七年、台湾の近くの海です。レプトセファルスは海流に乗って運ばれやすいため、海流の上流に行くほど小さくなっていったのです。そして、一九九一年には10ミリメートルのレプトセファルスをとることができたのです。

一九九四年にこれまででわかったことを整理し、地図に記していきました。そしてあることに気が付き、海底の地形図で確かめると、そこには3つの海山が南北に連なっていたのです。筆者たちはこれを手がかりに探していきました。

とれたレプトセファルスの誕生日を見てみると、新月の日前後に多くのウナギが卵を産んでいることがわかりました。「新月の頃」「海山の近く」という2つの予想に基づいて調査を続けると、体長5ミリメートル、生後2日のレプトセファルスを見つけることができたのです。そこでフロントという塩分のこさが異なる海水のさかいめに着目しました。もしかしたら「新月の頃」に「フロントと海山の連なりが交わる地点」で卵を産むのかもしれないと考え、更に調査を続けました。

二〇〇九年についにウナギの卵らしいものをとることができたのです。更に詳しく調べてみると、確かにウナギの卵でした。ついにウナギが卵を産む場所がわかったのです。筆者が調査に加わったときから、三十六年の年月が流れていたのです。

私はこの説明文に関心を持ちました。筆者の塚本さんは「一つの壁を乗り越えたら、もう一つの壁がある」と仰っていました。確かに私もそう思います。一度、解決したことはスッキリしますが、また次の疑問があるというのを感じます。また、諦めないことは次の自分につながるということを学びました。悔しいことや悲しいことを経験し、その経験を生かして次のことに挑戦することが大切だなと思いました。諦めなければ、きっと成果が出ると筆者は仰っていて、私もこのことを忘れずにいたいと思いました。

「興味を持ったところを中心にまとめる」ということは、同じ文章を読んでいても注目していると
ころが異なり、一人一人の個性が出てくるのが望ましいです。一人一人が、文章を自分に引き付けて
読み、考えている様子が見られるといいと思います。

第4章

ことば［知識・技能］の指導

漢字や語彙を増やす指導は、短時間学習活動として繰り返し取り組むこともでき、子どもも達成感を得やすいので非常に重要です。

小単元等で一度教えたら終わり、ではなく毎時間の国語の授業の冒頭三〜五分に取り入れるなど、帯活動として繰り返し指導していくとよいでしょう。

1 漢字指導

(1) 漢字指導は「読み」から—漢字ドリル音読—

→資料編176ページへ

漢字指導は、いきなり書かせず「読み」から定着させていきましょう。

漢字の読みを定着させるために有効なのが、漢字ドリルを高速で音読する活動「漢字ドリル音読」です。これは『1年生国語』『2年生国語』『3年生国語』でもご紹介しました。何年生でも使える学習活動です。子ども達は熱中して取り組み、多くの子は暗唱してしまいます。

(2) 漢字ドリルの進め方

漢字ドリル音読で読みを徹底しつつ、並行して漢字ドリルの書きの練習も進めていきます。

勘違いしている人が多くいますが、漢字ドリルにしっかり取り組めば、漢字練習ノートに何度も書かなくても、多くの子は漢字を覚えられます。なので、きちんと漢字ドリルに取り組みましょう。
私は、漢字ドリルを子ども達のペースで進めさせています。やる気のある子はどんどん先に進めていいということです。子ども達にこのことを伝えると、嬉々として休み時間まで取り組むこともあります。ただし、チェックを厳しく1ページごとに入れることが必要です。野放しにするということではないのでご注意を。

〈漢字ドリルの進め方〉（新出漢字）
①音読三回。（読み、文例、熟語）
②書き順の声を出しながら、「大きな漢字」を指なぞり三回。（「指なぞり」）
③書き順の声を出しながら、「1、1、2、1、2、3……」と一画目に戻りながら「大きな漢字」を指なぞり三回。（「書き順練習指なぞり」）
④書き順の声を出しながら、空書き三回。（「空書き」）
⑤1ミリもはみ出さずに鉛筆でなぞる。（「鉛筆なぞり」）
⑥丁寧に鉛筆ですべてのマスを埋める。（「鉛筆書き」）
⑦1ページできたら、教師に見せ、チェックを受ける。

教師がチェックを入れるときは、厳しく入れます。いい加減にやっていたらすべてやり直しにします。（もちろん、個別の配慮が必要な子はいるのでその場合は別です。）書かれている字が丁寧であれば、そのページの中から、一つ問題を出し、空書きさせます。それが合格なら、初めてそのページを合格、ということになり、私がそのページにサインを入れます。

このようにドリルを進めさせ、全体には「〇月〇日までに一冊すべて合格すること」と期限を設けます。つまり、「〇月〇日」までの、期限の長い宿題、ということです。多くの子はこのシステムで意欲的に取り組みますが、当然あまり進まない子も出てきます。進度の差がとても気になるようでしたら、「〇月〇日までに〇ページまで合格すること」など細かく期限を設定するのもよいでしょう。

なお、漢字指導に関してあまり紙幅を割けず、詳細を書けなかったので、詳しく知りたい方は拙著『漢字指導法』や『漢字指導の新常識』（学陽書房）をご参照ください。

(3) 効果絶大！「漢字一周」

漢字ドリルが終わった子は、「漢字一周」に取り組みます。

やり方は簡単で、漢字ドリル一冊に入っている漢字を漢字ドリルに書かれている順に一つずつノートに書いてくるだけです。送り仮名も書かなくていいので、大体1ページから1ページ半くらいで終わります。ドリルをすべて合格した子から、毎日、「一日一周以上」取り組ませます。

二〇二字もある4年生の漢字ですが、しっかり定着させるには反復は欠かせません。かといって、一文字を何回も書かせていると一周するころには何か月も経っており、最初の方に練習した漢字は忘れてしまいます。ですから、「一日一周以上」なのです。既にドリルで学習した漢字ですから、それなりには書けると思いますが、この「漢字一周」にしっかり取り組めば、ほとんどの子は抜き打ちでもしっかり書けるようになります。一日に一回ですが、毎日触れることは効果絶大なのです。

さらに、子ども達は、漢字ドリル音読で漢字ドリルを暗唱していますから、自分で諳んじながら漢字一周をノートに書くことさえできます。ドリル音読とコラボして効果を増大させるのです。

(4) 子ども達が大盛り上がり！─漢字サバイバル─

→資料編176ページへ

4年生の子ども達が大盛り上がりし、さらに漢字を定着させていくには、「漢字サバイバル」がピッタリです。大きな声で「1、2、3！」と空書きさせると、クラスの窓がビリビリします。子ども達のエネルギーもよい方向へ発散させることができます。活動の詳細は資料編をご覧ください。

(5) 漢字小テストで漢字を使う力を育てる

おススメの漢字小テストのやり方を紹介します。小テストには、全員が漢字ドリルを終えてから取り組みます。期限前に終えた子には、漢字ドリルに漢字練習をしてくることを宿題として課しておくとよいでしょう。この方法は、空欄を埋めた子から、その周りに他用例を書き込んでいく、「他用例書き込み」という実践です。書き込んだ他用例は、一つにつき一点が追加点として与えられます。

この方法を導入すると、漢字小テストの「上限」が一〇〇点ではなくなり、子ども達が漢字を書けるようになるだけで満足せず、使い方をたくさん知ろうとするようになります。すると、子ども達の小テストに向けた漢字練習も変化していきます。最初は同じ漢字を機械的に何度も書いていたのが、次ページのノートのように、言葉をたくさん集めるようになります。辞書を使ったり、お家の人に用例を尋ねたりして、語彙を増やそうとするのです。

漢字の使い方をたくさん知っていることは、やがて漢字を使う力へとつながっていきます。本実践について詳しく知りたい方は拙論（2021）をご覧ください。

（6）50問テストもレベルアップ

小テストだけでなく、50問テストもレベルアップしましょう。ここでも他用例を書き込ませていくのです。

すると、今までは余裕で一番早く解き終えていた学習が得意な子が、一番遅くテストを終えることになります。この逆転現象がよいのです。クラスの漢字熱を高めるには、学習が得意な子を燃えさせることが重要です。

（7）熟語を分析することで習熟を図る

4年生では、「二字以上の漢字の組み合わせでできた言葉」という熟語の定義を学びます。

また、熟語の組み合わせのパターンを四種類学びます。すなわち、「似た意味を持つ漢字の組み合わせ」「反対の意味を持つ漢字の組み合わせ」「上の漢字が下の漢字を修飾する関係にある組み合わせ」「『～

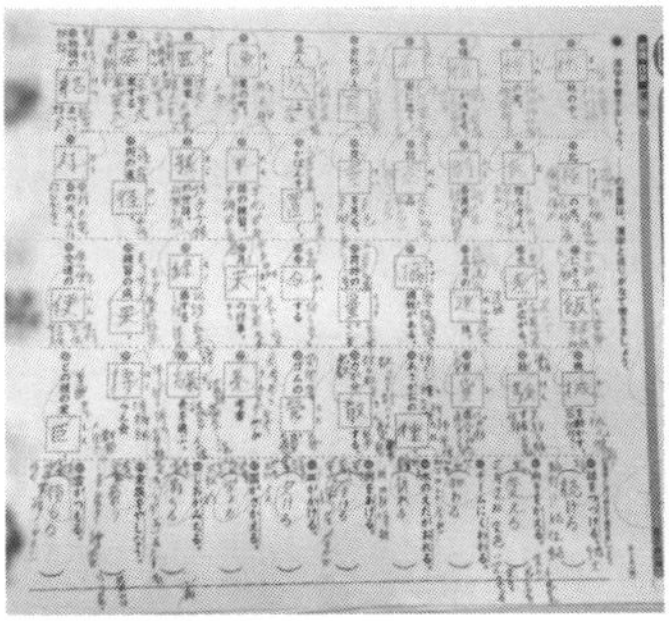

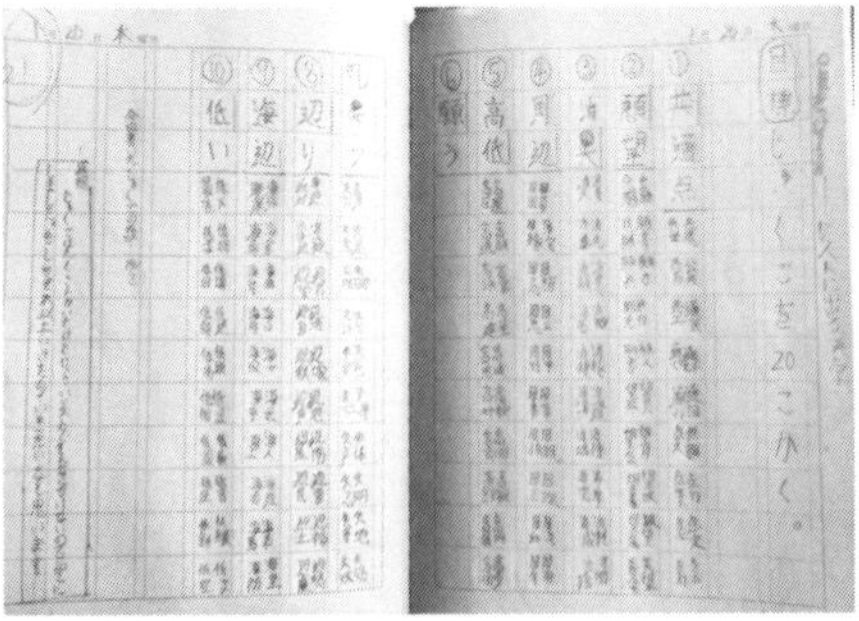

を』『〜に』に当たる意味の漢字が下に来る組み合わせ」の四つです。

　これを小単元で一度指導して終わりにするのではなく、ことあるごとに子ども達に繰り返し熟語をどの組み合わせなのか考えさせることで、熟語に対する認識が深まり、語彙が増えていきます。

　漢字小テストに向けた言葉集めでも「やる気のある人はやってみるといいよ」と伝えておくと、必ずやってくる子が表れます。ただ熟語を書き出すよりも、熟語の組み合わせを考えているので、さらに理解が深まっています。それをクラスで共有すれば多くの子に広がっていきます。

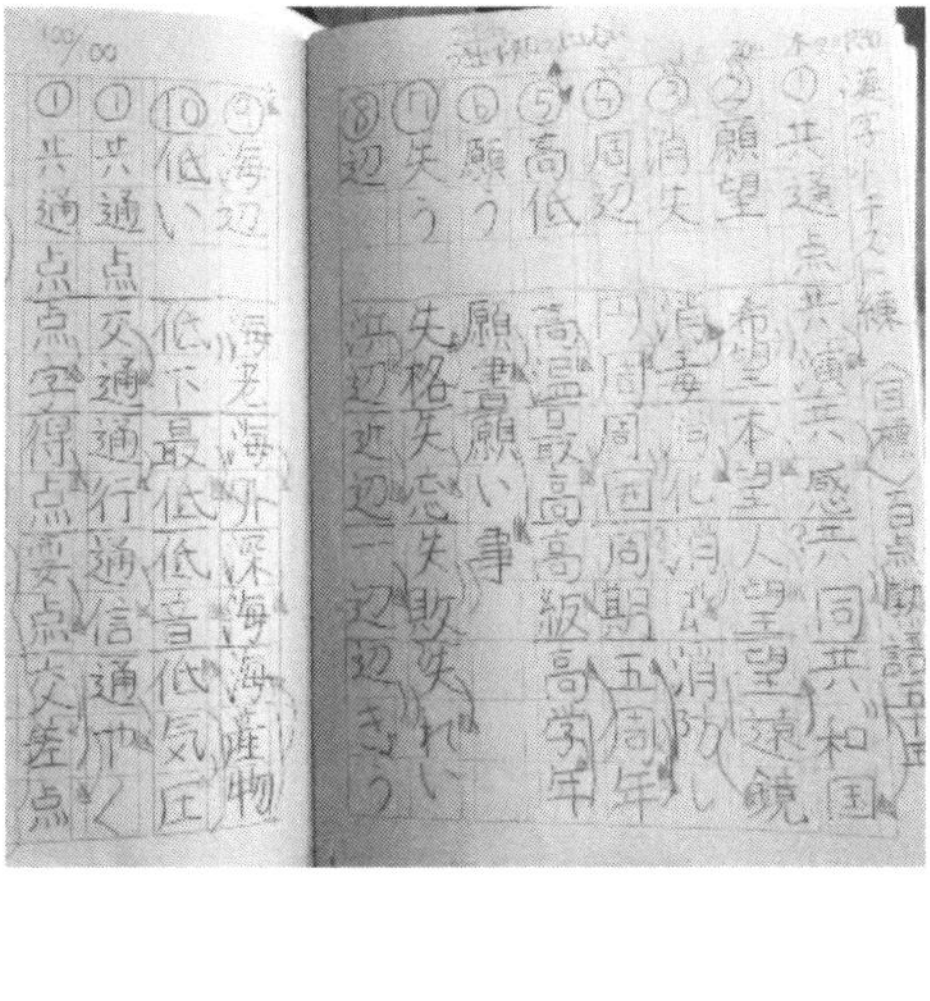

　分析のさせ方は、パターンにそれぞれ記号を決めておいて、書き込ませていきます。私の場合は

「似た意味」：「上と下の漢字を＝で結ぶ」
「反対の意味」：「上と下の漢字を⇕で結ぶ」
「上の漢字が下の漢字を修飾する」：「上の漢字から下の漢字へ↓を書き込む」
「『〜を』に当たる意味の漢字が下に来る」：「下の漢字から上の漢字へと↑を書き込む」

と子ども達に指導しています。これを、あらゆる熟語に書き込んでいくだけです。

　熟語を分析すると、漢字や熟語に対する理解が習熟していきます。

2 語彙指導

(1) 関連させながら語彙を増やす活動「ことばネット」

↓資料編177ページへ

子ども達の語彙を増やすのも、一つ一つをバラバラで覚えさせるのではなく、関連づけていくのがおススメです。子ども達の語彙が増えると、書く文章の質がグッと高まります。表現力が豊かになるからです。例えば、日記などで「うれしい」「楽しい」という言葉を連発する子がいますが、それに代わる言葉をたくさん手に入れれば、表現力は雲泥の差となります。

2年生で、類義語と対義語を学びます。言葉同士を関連づけるうえで重要なのが類義語と対義語なのです。資料編でご紹介している「ことばネット」は4年生以降でも十分使える活動です。

(2) 辞書は素早く引けるようにする

↓資料編178ページへ

4年生では漢字辞典を学習します。子ども達にどんどん使わせて慣れさせることが重要です。「端末があるのだからそれで調べればよいではないか」という方もいらっしゃいますが、私はやはり紙の辞典は重要だと思います。

紙の辞典は、ある語を調べていく最中に、他の語も目に入ってきます。その中で発見もあるでしょう。端末で調べた方が速いかもしれません。しかし、こういう「過程」は重要です。

子ども達に漢字辞典に慣れさせていく活動は資料編をご覧ください。こうして慣れさせていき、常に辞書は机の横などに掛けさせておき、分からない漢字があったらすぐに引かせるようにしましょう。

→資料編178-179ページへ

(3) ローマ字の習得について

GIGAスクール構想による1人1台端末が普及している現在（二〇二三年一月現在）、ローマ字の習得は非常に重要です。ローマ字を習得していればタイピングができますが、そうでないと手書きパッドに頼ることになるからです。

このローマ字の習得も、3年生での指導だけでは習得しきれていない子もいます。そういう場合は、4年生でも適宜ローマ字の指導もしていくようにしましょう。具体的活動は資料編をご参照ください。

→資料編180ページへ

3 短歌・俳句の指導

4年生では短歌や俳句の指導を行います。ここでは二つ、重視したいことを紹介します。

一つが、暗唱です。短歌や俳句の長所にはリズムのよさが挙げられます。それを教師が口で言って解説するよりも、やはり子ども達に何度も読ませて体感させる方が何倍も効果的です。

といっても、何度も無目的で読ませるのは厳しいので、子ども達に「暗唱してみよう。」と投げかけましょう。子ども達は暗唱が好きです。「教科書に載っている短歌や俳句を一つ暗唱できたら先生に聞かせに来てごらん。」と言っておき、練習させます。私の前でしっかりした声で暗唱できたら、教科書の短歌や俳句の上に合格サインを書いてあげます。それを繰り返すだけで子ども達は夢中になって読み込みます。結果的に、短歌や俳句のリズムが体に刻み込まれていくわけです。

二つが、実際につくらせてみることです。厳密には4年生段階ではつくらなくてもよいのですが、やはり短歌や俳句の面白さは自分が実際につくってみてこそ理解できると思います。つくらせるとき、私がよくやるのは、同じ小学生がつくった素晴らしい俳句を子ども達にたくさん例示することです。（おススメは「伊藤園お〜いお茶新俳句大賞　小学生の部」のホームページを参照することです。）

その際、穴埋めにして考えさせても面白いです。素晴らしい作品には、「うれしい」だの「きれい」だの直接的な言葉は絶対に用いられません。子ども達も、自分と同年代の子達がつくった作品に刺激を受けながら、直接的な表現は用いていないことにも気づいていき、自分が短歌や俳句をつくる際にも、たくさん考えながら、面白いものをつくろうとします。

また、資料編でも紹介していますが、俳句をつくる場面を国語授業のときだけでなく、帰りの会などでも設けてみるなど、俳句をつくることを習慣化すると、子ども達は事あるごとに一句読むようになっていきます。俳句という文化に慣れ親しんでいきます。

資料編

ACTIVITY 一覧

国語科の学びはスパイラルなものです。定着の度合いは，学級によって大きく異なります。

資料編では，本書は４年生独自のものを精選しました。より基礎から定着させたい場合には，姉妹巻『３年生担任のための国語科指導法』の資料編をご参照ください。

話・聞

今のお話、一言でいうとどんな話？

〔活動内容〕

聞いた話を要約する。

〔手順〕

1 一テーマの話をする。あるいは子どもにスピーチさせる。

2 「今のお話は一言でいうとどんな話ですか。言える人？」と尋ねる。

3 挙手した子を当て、言わせていく。

〔ポイント及び解説〕

＊聞いた話を単に再生させるのではなく、「一言で」と制限をつけてまとめさせる活動です。中学年では、要点を掴むことが重要となってきます。文章を読んだときだけでなく、話を聞いたときも「一言で」まとめられるように子ども達を育てていく必要があります。

話・聞

友達の言ったことに賛成？　反対？

〔活動内容〕

友達が言ったことに賛成か反対か挙手をする。

〔手順〕

1 一人の子どもに意見を発表させる。

2 「今〇〇さんの言ったことにあなたは賛成？反対？　決まった人はピシッと座りましょう。」と全体に伝える。

3 「賛成の人？」「反対の人？」と聞いて挙手させる。

〔ポイント及び解説〕

＊教師は絶対に子どもが言ったことを再生して繰り返さず、すぐに「あなたは賛成？　反対？」と尋ねるのがポイントです。

＊慣れてきたら、賛成や反対の理由を言わせたり、授業中の話し合いでも取り入れたりします。

話・聞

友達の話、どこがよかった?

【活動内容】

友達の話のよかったところを挙げさせる。

【手順】

1 ある子がよい話し方をしたとする。すかさず教師は「今の○○さんの話のよかったところはどこですか。」と全体に尋ねる。

2 挙手した子を当てて言わせていく。

3 もし教師がねらっていたものが子ども達から出されなければ、教える。

【ポイント及び解説】

＊ここでも、教師は子どもの話を繰り返さず、すぐに「よかったところは?」と尋ねることが重要です。

＊「最初に考えを言う」「例を出す」「一文を短くする」など、子ども達から出された「よさ」は掲示物などにして共有するとさらによいです。

話・聞

共通点や相違点を見つけよう

【活動内容】

ベン図を使用しながら共通点と相違点を班で話し合って見つけていく。

【手順】

1 テーマを設定する。

2 班でベン図を使いながら共通点や相違点を出し合っていく。

3 全体で共有する。

【ポイント及び解説】

＊ベン図の活用や共通点と相違点を見つけるのに慣れる活動です。最初は難しいかもしれませんが、教師が例を見せたり、テーマを工夫したりすると中学年でもできるようになります。

＊「海遊びと川遊びの同じところと違うところは?」「野球とサッカーの同じところと違うところは?」などのテーマは大盛り上がりします。

話・聞

話し合いのよいところを見つけよう

［活動内容］

うまい話し合いをしている班の話し合いをクラス全員で観察し、そのよさを見つけ、共有する。

［手順］

1　教師が前で話し合いをする班を指定する。
2　教室の前で話し合いをさせ、他の子達はそれを観察する。
3　よかったところを言わせていき、共有する。子ども達から出されなかったら教師が指導する。

［ポイント及び解説］

＊必ず、教師がねらいと意図を持って一つの班を指定することです。「今日は、相手の話につなげて話せている班を指定しよう」とか「相手の意見に質問することができている班にしよう」などといった具合です。

話・聞

ペアトーク：聞いて聞いて話をふくらまそう

［活動内容］

ペアで話をする。このとき、一方が聞き役に回り、質問をつなげて2分間話を聞く。

［手順］

1　教師がテーマを設定する。あるいは子どもに出させてもよい。
2　ペアの一方の子がテーマに沿った質問をもう一方の子にする。話をつなげていく。
3　2分間経ったら、質問役を交代する。

［ポイント及び解説］

＊ペアトークや対話の基本は、「話が続くこと」です。そのためのトレーニングが本活動です。とにかく相手の話をよく聞き、それにつなげてさらに質問をしていき、相手の話を引き出すことを意識させます。

話・聞

ペアトーク：たくさんアイデアを出そう

【活動内容】

二人で協力してたくさん案を出す。2分間話し合う。

【手順】

1 教師がテーマを設定する。あるいは子どもから出させてもよい。（「お楽しみ会でやること」等）

2 テーマに沿った案を二人でどんどん出していく。質は気にせず、量を出す。

3 全体で、案の数や内容を共有する。

【ポイント及び解説】

＊二人で話すことのよさは、人間が二人集まることによって、様々な角度から物事を見ることができることです。そのよさを感じられる活動です。相手の出す案を否定せず、「いいね！」と言わせることがポイントです。

話・聞

ペアトーク：二人でどちらかに決めよう

【活動内容】

二択の問いに対して、二人で考えを出し合った後、二人の意見をどちらかに決める。

【手順】

1 教師がテーマを設定する。あるいは子どもから出させてもよい。（「遊びに行くなら海か山か」等）

2 二人で考えを出し合い、ペアの意見をどちらかに決める。

3 納得度を5段階で決める。

【ポイント及び解説】

＊二人で話をして、どちらかの意見に決めます。その後、自分がどれくらい納得しているかを5段階で表現させ、「お互いの納得度が高いペアが話し合いがうまいペア」だと伝えていきます。

書

見つめて見つめて書きまくれ！

【活動内容】

教室の中にある物をお題に、考えたことなどをノートに書きまくる。

【手順】

1　教師がお題を決める。（教室の中にあるセロハンテープ台など何でもよい）

2　5分間ノートに考えたことや気づいたことを書き続ける。

3　5分後、書けた量や内容を共有する。

【ポイント及び解説】

＊書く量を伸ばすための活動です。お題の物は何でも大丈夫ですので、毎日無理なく続けることができます。続けるほど、子ども達の書く量も、質も高まっていきます。

書

日記紹介

【活動内容】

友達の日記の音読を聞き、感想やよかったところを言い合い、自分が書くときの参考にする。

【手順】

1　日記を返却する。

2　「読んで！」と書いてあった子に音読してもらう。（コピーを取って配付するとより効果的）

3　一人読み終えたら、「よかったところが見つかった人？」と尋ね、挙手させる。

4　数名に「よかったところ」を言わせる。教師が選択した理由が子ども達から出されなければ、補足説明する。

【ポイント及び解説】

＊子ども達はこの時間を楽しみにしています。隙間時間などを活用して、どうにかこの時間をつくりだすことが最重要ポイントです。

書

一言で表す！

【活動内容】

授業や行事の後に、一言で自分の思いを表し、その理由もノートに書く。

【手順】

1　授業や行事の後に「今の自分の思いを一言で表すと？」と尋ね、理由とともにノートに書かせる。

2　クラス全体や班で交流していく。

【ポイント及び解説】

＊「見つめて見つめて書きまくれ！」の反対で、一言で今の思いをまとめて書く活動です。中学年で重要な、要約力を高める活動です。はじめは「楽しい」「苦しい」「面白い」などありきたりの言葉が出てきますが、繰り返していくと、辞書を引いたりして、思わず理由を聞きたくなるような言葉でまとめる子が出てきます。

書

ピッタリ！一四〇字作文

【活動内容】

一四〇字ピッタリの作文を書く。

【手順】

1　一四〇字書けるマス目の紙を大量に用意する。

2　一四〇字ピッタリでひとまとまりの文章を書く。テーマを与えても、自由テーマで取り組ませてもよい。時間内であれば何枚書いてもよい。

3　何人かに読んでもらう。

【ポイント及び解説】

＊子どもは原稿用紙を目の前にすると「書くことがない」と嘆くものです。しかし、一四〇字しかなければ、案外ほとんどの子がスラスラ書けるものです。作文へのハードルを下げる活動です。必ず一四〇字ピッタリで終わらなくてはいけない、とするのがポイントです。子どもは、言葉を精選するようになります。

書

この「技」使おう！一四〇字作文発展編

【活動内容】

教師から指定された書き方を使って、一四〇字ピッタリの作文を書く。

【手順】

1　一四〇字書けるマス目の紙を大量に用意する。
2　書き方の技を指導する。（ナンバリング、ラベリング、会話文、心内語、オノマトペ、擬人法等）
3　一四〇字ピッタリでひとまとまりの文章を書く。時間内であれば何枚書いてもよい。
4　何人かに読んでもらう。

【ポイント及び解説】

＊質を少しずつ高めていくための活動です。教師があらかじめ「技」を指導しておいたり、子どもの作文を読んで共有しておいたりしてから、それを意識的に使わせることで定着を図ります。

読

題名・作者読み

【活動内容】

題名を高く、作者を低く読むことを練習する。

【手順】

1　何人か題名と作者を読ませてみる。
2　よかったところを褒めるが、足りなかったところがあることを伝え、題名は高く、作者は低く読むことを伝える。
3　それぞれ練習する。
4　何人か代表で読ませ、その変化を褒める。その後全員で何度か読む。
5　文についても同様で「高↓低」で読むことを伝える。

【ポイント及び解説】

＊教師が実際にやって聞かせること、成長を自覚させることが重要です。

音読個別評価【音読テスト】

【活動内容】

教師が一人一人の音読を聞き、評価する。

【手順】

1 音読テストの基準を知る。基準は次の通り。

D：「ハキハキ、正しく、スラスラ」の三原則すべてが不合格。

C：三原則のうち一つが合格。

B：三原則のうち二つが合格。

A：三原則すべてが合格。

A〇：三原則すべてが合格で、一つの項目は素晴らしい。

A❀：三原則すべてが合格で、二つの項目は素晴らしい。

S：三原則すべてが素晴らしい。

2 一人一人、教師が「はい、終わり。」と言うまで読む（一文ではなかなか実力は見えないので二、三文読ませる）。順番を決めておいてもよいし、立候補制にしても面白い。（立候補制にする場合は、全員が立候補するという確信があるときに限る。そうでないと、評価されない子が出てしまう。）

3 一人一人の音読に対して即時評価していく。

4 全員一度は必ず評価する。時間が余れば、立候補制で再チャレンジを募る。

【ポイント及び解説】

＊はじめにきちんと評価基準を示すことが重要です。

＊評価はとにかく厳しくすること。具体的にいうと、単元序盤や中盤で評価する際は、クラスのほとんどがDかCとなるくらい、2割ほどがB、1、2人がAという具合です。本当にしっかり声が出ていて、スラスラと流暢に、そして正しく読んでいなければよい評価は与えないことです。これが逆に子どもの心に火をつけます。

読

つっかえたらダメ読み〔完璧読み〕

〔活動内容〕

三原則を守った音読ができている場合は読み続け、つっかえたり間違えたり発音が不明瞭だったりしたら失格となり、次の人が代わりに読む。それをクラス一周回していく。

〔手順〕

1 いつもの○読みと同じ順番で回していくこと、つっかえたり間違えたりゴニョゴニョしていたりしたら失格となることを伝える。

2 実際に読む。判定は厳しくする。

3 一巡したら、クラス全体でどれくらい読み進めることができたかを黒板等に記録しておく。

〔ポイント及び解説〕

＊判定を厳しくすることです。甘くしては子ども達の音読熱は盛り上がりません。

読

1分間高速読み

〔活動内容〕

1分間でどれだけ自分が読めたか文字数を数える。

〔手順〕

1 三原則を守った音読をすること、なるべく素早く読むことを伝え、1分間音読させる。

2 1分間で読めた文字数を数える。題名の横に日付とともに文字数を書く。

3 全体でどれくらい読めたか確認していく。

〔ポイント及び解説〕

＊ある程度読み慣れた文章を用いて行いましょう。そうでないと、つっかえたり、いい加減に読んだりしてしまう子が多くなります。

＊中学年なら三〇〇～四〇〇文字を目標に、それ以上に到達するようにスラスラ読ませていきましょう。

読

15秒間超高速読み

【活動内容】

15秒間でどれだけ自分が読めたか文字数を数える。

【手順】

1 とにかく素早く読むこと、声はしっかり出して読むこと、句読点で句切らずに読んでよいことを伝える。

2 15秒間で読めた文字数を数える。題名の横に日付とともに文字数を書く。

3 全体でどれくらい読めたか確認していく。

【ポイント及び解説】

＊微音読や黙読へと繋げていくための活動です。ここでは、1分間高速読みよりもさらに高速で読み上げます。15秒間で二〇〇字以上読み上げる子もいます。ゴニョゴニョ読ませないようにします。

読

黙読につなげる微音読

【活動内容】

声に出さず唇だけを動かして音読をする。

【手順】

1 唇を動かすけれど声には出さないこと、心の中で読み上げることを伝える。

2 3分間実際にやってみる。

3 全体でどれくらい読めたか確認していく。

4 慣れてきたら唇を動かさず、黙読してみる。

【ポイント及び解説】

＊「15秒超高速読み」をさらに発展させ、より黙読に近づけたのが「微音読」です。基本的には読み慣れた本文で行いますが、時折初見の文章でやってみましょう。その後、文章の内容を問う発問をします。高速で読み上げながら文章内容をとれるようにしていくのです。

ことば

漢字ドリル音読

［活動内容］

漢字ドリルの新出漢字の部分を一冊丸ごと素早く音読する。

［手順］

1　教師の「はじめ」の声で一斉にスタートする。教師はモニターのストップウォッチを進める。

2　一冊読み終わったら元気よく「はい!」と手を挙げ、モニターのタイムを確認する。

3　記録表にタイムを記入し、「終わり」と言われるまで音読を続ける。

［ポイント及び解説］

＊読む個所は新出漢字の「読み」の部分です。音読みと訓読みの部分を、まだ書いていないページも含めて一冊丸ごと読みます。テストページは飛ばします。

ことば

漢字サバイバル

［活動内容］

出題された漢字を空書きできれば立ち続け、書けなかったら座る。

［手順］

1　教師が4年生で学習する漢字を出題する。

2　子ども達は大きな声で「1、2、……」と教師に向かって空書きする。書けなかったり間違えたりしたら座る。書けたら立ち続ける。

3　最後まで立ち続けた子が優勝。みんなで拍手。

［ポイント及び解説］

＊しっかり声を出して空書きすることが重要です。

＊一度失敗しても、次の問題で座りながら大きな声で空書きしたら復活するシステムにします。

＊ミスをごまかす子が多ければ、二人一組でペアをつくりチェックさせるとよいでしょう。

ことばネット

【活動内容】

お題の言葉と似た意味や反対の意味の言葉をつなげていき、言葉のネット（網）をつくり語彙を増やす。

【手順】

1　お題の言葉を教師が提示する。「楽しい」「うれしい」「おいしい」「きれい」「多い」など作文で連発されるものがよい。

2　子どもはノートのページの真ん中にお題の言葉を書く。

3　反対の意味の言葉は双方向矢印（⇔）で、似た意味の言葉は線で結びながら言葉の網をどんどん広げていく。

4　5分ほど経ったらクラス全体で共有し、自分が書けなかった言葉はノートに書き足す。

【ポイント及び解説】

＊必ずクラス全体で共有しましょう。一人では出せる言葉に限りがあります。それでも、クラス全体で出し合っていくと、見事なネットができあがります。「みんなで協力したらたくさん言葉を出せた」という、学級づくり上でもよい経験を子どもにさせることができます。

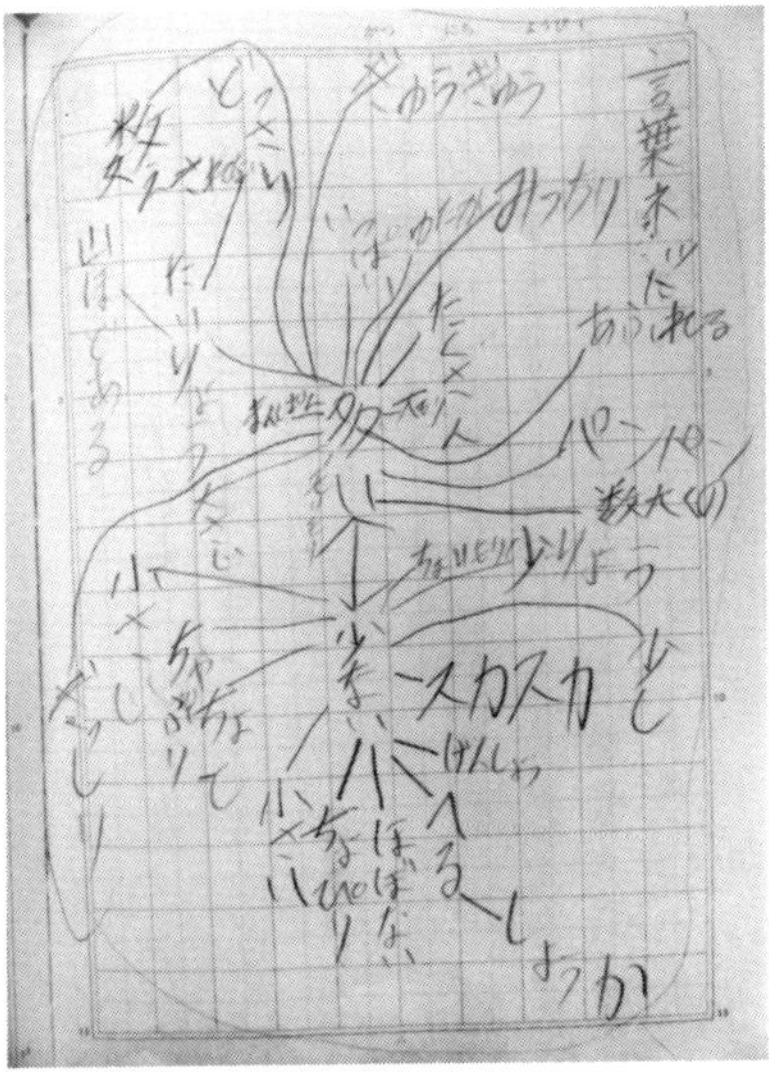

ことば

漢字辞典引き活動

〔活動内容〕
教師から指定された漢字を辞書で引いて、教師に見せる。

〔手順〕
1　教師が、子どもに辞書で引かせたい漢字を、番号を付けて黒板にたくさん書いておく。
2　子どもはそれらを辞書で引いて、該当ページを教師に見せに来る。「〇〇、ここです。」
3　教師からOKをもらったら、黒板に書いてある、今引いた漢字のところにネームプレートを貼る。

〔ポイント及び解説〕
*単にいくつも漢字を引かせていくよりも、ネームプレートを使いつつ、教師がしっかり引けているかチェックすることで、子ども達は意欲的に辞書を引くようになります。

ことば

アルファベット早書き

〔活動内容〕
アルファベットをAからZまで書く。タイムを計る。

〔手順〕
1　AからZまでワークシートに書く。
2　タイムを計り記録する。
3　慣れてきたら小文字にも取り組む。

〔ポイント及び解説〕
*ローマ字をしっかり子ども達に定着させることは、タイピングを上達させるうえで欠かせないことです。ローマ字表記を定着させていく前に、まずはアルファベットに慣れていないと話になりません。そのため、まずはアルファベットをしっかり定着させましょう。忘れてしまって書けない子はアルファベット表を見てよいことを伝えます。

ことば

ローマ字表記に変換せよ！

【活動内容】

　教師から出されたお題の言葉をローマ字に変換していき、教師に見せてチェックを受ける。

【手順】

1　教師が、あらゆる語を黒板に番号を付けて書いておく。
2　子どもは1番から順にローマ字に変換してノートに書いていき、教師に見せに来る。
3　教師からOKが出たら、黒板の今ローマ字に変換した言葉にネームプレートを貼る。

【ポイント及び解説】

＊アルファベットに慣れてきたころ、言葉をローマ字表記に変換することに慣れる活動です。「漢字辞典引き活動」と同様のシステムで進めます。分からない場合はアルファベット表を見せます。

ことば

具体化・抽象化ゲーム

【活動内容】

　教師から指定された語を指示に従って抽象化・あるいは具体化する。

【手順】

1　教師が、「スポーツ（具体化）」「バナナ（抽象化）」など、言葉と指示を、番号を付けて黒板にたくさん書いておく。
2　子どもはそれらをノートに書く
（例）「スポーツを具体化すると野球です。」
3　教師からOKをもらったら、黒板に書いてある、今引いた言葉のところにネームプレートを貼る。

【ポイント及び解説】

＊「具体化」「抽象化」という言葉が難しい場合は「詳しく」「まとめると」などで伝えます。「漢字辞典引き活動」と同様のシステムです。

ことば

今日の一句

【活動内容】

帰りの会で即興で今日一日を表す一句をつくる。

【手順】

1 俳句の条件を確認する。
2 今日一日の出来事や気持ちを表す一句を考えさせる。
3 できた子から読ませる。

【ポイント及び解説】

＊4年生で学習する俳句をより楽しませるための活動です。毎回俳句の条件を確認することで、それらの知識もより確かになっていきます。楽しみながら俳句をつくることで、語彙や表現力も高まっていきます。朝の会で「今日の決意」を俳句にさせたり、短歌をつくらせたりして、活動をアレンジしていくこともできます。

ことば

オリジナル慣用句をつくってみよう

【活動内容】

オリジナルの慣用句をつくる。

【手順】

1 慣用句とは何か思い出す。「体や心」「動物」「植物」「かたかな」といった種類に分かれることを思い出す。
2 オリジナルの慣用句をつくってみる。
3 発表し合い、出されたものの中からどれが一番よいか決める。

【ポイント及び解説】

＊4年生では慣用句について学習します。小単元で指導して終わりではなく、自分たちで考えさせると面白いです。自分で頭をひねって考えることで、慣用句の面白さに改めて気づくことができます。

おわりに

本書は『〇年生担任のための国語科指導法』シリーズの4年生版です。「はじめに」でも述べましたが、私は初任の年に4年生を担任しました。今でも新たに4年生担任をさせていただくときは、初任者時代の「原点」を思い出して、新鮮な気持ちで教壇に立つことができます。それだけ、思い入れのある4年生に対して、私が大好きな国語科指導について執筆することができ、本当に私は幸せでした。

本書では、今までのシリーズと同じように、国語科授業を通して子ども達を育てる指導についてご紹介しました。国語授業は、子ども達の言葉の力を育むだけでなく、学力の基礎をつくり、学習に取り組む姿勢など、他教科の指導や学級づくりにまで大きな影響を及ぼします。読むことの指導が私の専門ということもあり、読むことの章が最も厚くなりましたが、他の章も質は負けていないと自負しています。話す・聞く、書く、読む、言葉や漢字、どれがどの子にハマり、「国語って楽しい！」となるかは分かりません。ですから、本書では各領域を網羅的に書いています。どれか一つでも、教室の中の子ども達にヒットすればうれしい限りです。姉妹書である『3年生国語』と重なる点は多いですが、資料編などはなるべく差別化を図りました。あわせてご覧いただき、子ども達の実態に合わせてご活用いただけると幸いです。

土居　正博

参考文献

犬塚美輪（2012）「国語教育における自己調整学習」『自己調整学習』自己調整学習研究会編、pp.137-156　北大路書房

井上尚美（1983）『国語の授業方法論―発問・評価・文章分析の基礎』一光社

井上尚美（2005）『国語教師の力量を高める』明治図書

大村はま（1994）『教育をいきいきと102』ちくま学芸文庫

荻布優子・川崎聡大（2016）「基礎的学習スキルと学力の関連―学力に影響を及ぼす因子の検討：第一報―」『教育情報研究』32巻3号　日本教育情報学会、pp.41-46

吉川芳則（2011a）「事例のあり方を学習内容とする説明的文章の授業開発」『全国大学国語教育学会発表要旨集』120号　全国大学国語教育学会、pp.231-234

吉川芳則（2011b）「説明的文章教材の事例を捉える観点」『全国大学国語教育学会発表要旨集』121号　全国大学国語教育学会、pp.231-234

吉川芳則（2017）『論理的思考力を育てる！　批判的読みの授業づくり』明治図書

輿水実編著（1968）『国語科基本的技能の指導（全六巻）』明治図書

澤本和子（1991）「事例列挙型説明文の学習方法研究」『国語科教育』38巻　全国大学国語教育学会、pp.75-82

杉澤陽太郎（2000）『現代文の朗読術入門』ＮＨＫ出版

高橋俊三（1988）「発音・発声」『国語教育研究大辞典』国語教育研究所編、pp.665-668　明治図書

髙橋麻衣子（2013）「人はなぜ音読をするのか―読み能力の発達における音読の役割―」『教育心理学研究』61巻1号　日本教育心理学会、pp.95-111

田中敏（1989）「読解における音読と黙読の比較研究の概観」『読書科学』33巻1号　日本読書学会編集委員会編、pp.32-40

田中実・須貝千里編（2001）『文学の力×教材の力　小学校編４年』 教育出版
棚橋尚子（2015）「学習方略を身につけさせることのできる漢字指導を目指して」『日本語学』34巻５号　明治書院、pp.22-32
土居正博（2019）「小学校説明的文章指導における既有知識の再構成を促す発問の研究―「否定発問」を中心に―」『国語科学習デザイン』２巻２号　国語科学習デザイン学会、pp.1-11
土居正博（2021）「小学校における学習者の意欲を喚起し漢字運用力に培う漢字テストの実践的検討」『国語科教育』90巻　全国大学国語教育学会、pp.53-60
長崎伸仁（1992）『説明的文章の読みの系統』素人社
長崎伸仁編著（2008）『表現力を鍛える説明文の授業』明治図書
長崎伸仁・石丸憲一編著（2009）『表現力を鍛える文学の授業』明治図書
長崎伸仁（2010）『新国語科の具体と展望』メディア工房ステラ
長崎伸仁監修、香月正登・上山伸幸編著、国語教育探究の会著（2018）『対話力がぐんぐん伸びる！文字化資料・振り返り活動でつくる小学校国語科「話し合い」の授業』明治図書
野口芳宏（1998）『野口流・国語学力形成法』明治図書
野口芳宏（2000）『音声言語の学力形成技法』明治図書
野口芳宏（2005）『子どもは授業で鍛える』明治図書
野口芳宏（2005）『作文力を伸ばす、鍛える』明治図書
深澤久（2009）『鍛え・育てる　教師よ！「哲学」を持て』日本標準
堀裕嗣・研究集団ことのは（2002）『聞き方スキルを鍛える授業づくり』明治図書
堀裕嗣（2016）『国語科授業づくり10の原理・100の言語技術』明治図書

【著者紹介】
土居　正博（どい　まさひろ）
1988年，東京都八王子市生まれ。創価大学教職大学院修了。川崎市公立小学校に勤務。国語教育探究の会会員（東京支部）。全国大学国語教育学会会員。国語科学習デザイン学会会員。全国国語授業研究会監事。教育サークル「深澤道場」所属。教育サークルKYOSO's代表。2018年，読売教育賞受賞。
著書に，『クラス全員が熱心に取り組む！漢字指導法』『クラス全員のやる気が高まる！音読指導法』『１年生担任のための国語科指導法』『新卒３年目からグイッと飛躍したい！教師のための心得』『初任者でもバリバリ活躍したい！教師のための心得』（いずれも明治図書），『教師のNG思考』（東洋館出版社），『指示の技術』（学陽書房）など多数。『国語科教育』90巻（2021年）に「小学校における学習者の意欲を喚起し漢字運用力に培う漢字テストの実践的検討――「他用例書き込み」漢字小テスト実践の分析を手がかりに――」が採録。

クラス全員が活躍する！
４年生担任のための国語科指導法
―固定化されつつある学力差を打破する―

2023年３月初版第１刷刊 ©著　者　土　居　正　博
発行者　藤　原　光　政
発行所　明治図書出版株式会社
http://www.meijitosho.co.jp
（企画）林　知里（校正）西浦実夏
〒114-0023　東京都北区滝野川7-46-1
振替00160-5-151318　電話03(5907)6703
ご注文窓口　電話03(5907)6668

＊検印省略　組版所　朝日メディアインターナショナル株式会社

Printed in Japan　ISBN978-4-18-200428-5